MANAGING CONVERSATIONS IN GERMAN

SECOND EDITION

Instructor's Manual

Ellen Crocker
Massachusetts Institute of Technology

Claire Kramsch
University of California at Berkeley

 Heinle & Heinle Publishers
Boston, Massachusetts 02116 U.S.A.

In addition to the student text, the following materials are included in the *Reden, Mitreden, Dazwischenreden* program:

1. A student tape, sold with the text, containing natural conversations between native speakers, which illustrate how the particular functions are embedded in real dialogue.

2. The Instructor's Manual, divided into four sections:

    a. an introduction to the program.

    b. a transcript of the tape with supplementary exercises.

    c. a chapter-by-chapter analysis, including classroom management techniques and suggested classroom materials for discussion. For chapters 4 and 9 there are sample teaching units.

    d. a section on assessment/testing techniques.

Copyright © 1990 by Heinle & Heinle Publishers.

All rights reserved. No parts of this publication may be reproduced or transmitted in any form or by any means, electronic or mechanical, including photocopy, recording, or any information storage and retrieval system, without permission in writing from the publisher.

Heinle & Heinle Publishers is a division of Wadsworth, Inc.

Manufactured in the United States of America.

ISBN 0-8384-1943-7

TABLE OF CONTENTS

PART 1: Why Teach How to Manage Conversations? A Research Perspective	1
PART 2: Transcript of Tape	11
PART 3: Instructor's Notes / How to use the text	61
Instructor's Notes Chapter by Chapter	65
Kapitel 1	65
Kapitel 2	69
Kapitel 3	73
Kapitel 4	77
Sample Teaching Unit	79
Kapitel 5	83
Kapitel 6	87
Kapitel 7	89
Kapitel 8	91
Kapitel 9	93
Sample Teaching Unit	95
Kapitel 10	97
PART 4: Evaluating and Testing Communicative Ability	103
Answers to "Fragen Sie Fran Barbara" letters	111
Das Konversationsspiel	112

Part 1
Why teach how to manage conversations? A research perspective

INTRODUCTION

Language shapes and is shaped by social interaction: informal encounters in everyday life, more ritualized forms of talk in formal situations, or schooled patterns of speech in instructional settings. Everywhere language is used, it reflects social relationships, expresses hierarchy or familiarity, distance or closeness, and adherence to – or rejection of – accepted sociocultural norms. Language also communicates intentions and beliefs, and conveys meanings which have to be adjusted to another speaker's ability to understand them. One does not address a five-year-old as one would an adult. One has to be prepared to meet misunderstandings and to negotiate resolutions for potential breakdowns in communication. Expression, communication, and negotiation of intended meanings is the essence of communicative competency. It is this competency that enables us to define ourselves within a given culture and society.

Communicative competency also enters into the way teachers and learners use a foreign language to communicate in the classroom. This situation is somewhat more complex because of the foreign language's dual role. On the one hand, it provides the instructional content of the lesson and is the object of structural and lexical manipulation. On the other, since students are to learn how to manipulate the language for communicative purposes, it must be used as naturally as possible and in as many different social contexts as possible.

COMMUNICATIVE VS. INSTRUCTIONAL INTERACTION

The anthropologist Dell Hymes's now-famous statement on language, "There are rules of use without which the rules of grammar would be useless," has prompted researchers and educators to explore classroom activity between the teaching of grammar and vocabulary rules and the actual use of these rules for communicative purposes. Distinctions have been made between "skill getting" and "skill using," between conscious/formal learning and unconscious acquisition, and between linguistic and communicative competence. Most researchers would agree that these pairs don't represent opposite ends of a spectrum, but rather form a continuum along which they develop in an interlocking manner, via the interaction of teacher and learner, and among learners in the classrooms.

However, the erroneous belief that conscious learning of the linguistic structures of language will automatically translate into their correct and socially appropriate use in communicative situations has led many teachers to continue drilling grammatical forms, conduct display-type questioning, and correct every linguistic error; in short, many teachers perpetuate classroom social conditions that make acquisition of communicative language use impossible.

Social competence is so linked to the social contexts in which native language is acquired that we cannot expect automatic social competence in another linguistic code learned in a classroom. Moreover, the social competence required in natural environments can be very different from that expected in schools. While the instructional environment of the classroom cannot and in part should not replicate the "natural" environment of non-instructional settings, it is our responsibility to expose our students to a variety of language uses by diversifying the format of classroom discourse and by simulating noninstructional contexts of interaction. The following reflections will show how important these two aspects are when teaching students how to manage conversations.

NATURAL INTERACTION

Let us look, for example, at how two American students interact in English in an out-of-class natural setting.

A: Where do you... where are you from originally?
B: Well, my parents are now living in Switzerland.
A: Oh wow!
B: In Zürich.
A: Zürich, yeah, I was there beginning of last June—just vacation.
B: Sounds good.
A: I have a friend who has all her relatives there.
B: What is there to see in Zürich?
A: What is there to see? Well, there's...

This seemingly unstructured conversation is in fact a social masterpiece. Speaker A must have heard from Speaker B's accent that he was not from B's part of the world. He knows that asking someone where he comes from is an acceptable conversation opener in American culture. He foresees the usual ambiguity of the question "Where do you come from," catches himself in mid-sentence and rephrases the question to ensure maximum conveyance of the meaning intended. B, who is from a diplomat's family and therefore has had many places of residence, has to choose from a variety of possible answers: he first acknowledges his understanding of the question with a hesitation marker that gains him time to think ("Well..."), then gives a response that keeps the conversation going, even though it does not quite answer the question. A gives appropriately sympathetic and admiring listener's feedback; ("Oh wow!"), which prompts B to give further detail. At this point, A has the choice of continuing the topic set by B (*i.e.,* B's family background) or of switching topics. Sensing that B is not particularly interested in talking about personal matters, he decides to pick up on B's last utterance and make it into the new topic—his own trip to Zürich. Anticipating B's next question ("What were you doing there?") he adds, "just vacation," The term "just" pre-empts B's possible interpretation that he was working in Zürich. B answers with the appropriate contact-maintaining, noncommittal, yet friendly gambit. A continues to show B that they have something in common and B manages again to switch the topic away from personal matters while accepting the topic of interest offered by A, namely Zürich.

In case of communication breakdown, native speakers know how to perform the appropriate repairs: other-initiated repairs like asking for clarification (A: Where do you come from? B: You mean right now or originally?); checking comprehension (A: What is there to see in Zürich? B: What is there to see?); showing lack of understanding (A: Where do you live? B: Senior House. A: Where?); and self-initiated repairs (B: Where do you live? A: Burton House—er, I mean McGregor, I just switched).

Most verbal exchanges in natural settings occur in situations in which the social distance between speakers is minimal and their respective power is symmetrically distributed. That is, rights to the floor, the allocation of turns, choice of topics, and appropriateness of repair tasks are determined collaboratively by the speakers according to the cultural mores in the situation.

CLASSROOM INTERACTION

Now let us look at how teachers and learners interact in a traditional classroom setting. The examples are taken from secondary English classrooms in Germany.

Teacher: "...and does anybody know how we call this part of the dog (picture)? Can you see it? This part.
Student: Tail.
Teacher: Yes, it's the tail of the dog. And what is Toby doing with his tail? Can you see this?
Student: He is waving with his tail.
Teacher: Well, he isn't waving—he is—well, the correct phrase is "He is wagging his tail." (Blackboard: to wag his tail) So who can give me a definition of "to wag a tail?" What does a dog do if he wags a tail?—wags a tail?
Student: He is happy.
Teacher: Yes, he is happy, and you said the reason why he is doing this. But who can give me a definition of the verb "to wag?" What does a dog do if he wags his tail, if he wags it?
Student: He likes to play with you.
Teacher: Yes, he likes to play with you. Well, he is moving the tail from one side to the other side. This means "to wag a tail."

Although many teachers may think that this is an example of natural communication, the psychological and social dimensions of this exchange are typical of instructional interaction. It is an asymmetric dialogue in which the teacher not only talks more than the student, but more importantly, has total control of topic, turns, and repair tasks to bring the students where he wants. This is, indeed, a "monophonic" dialogue. The teacher's interactional work is remarkable: rephrasing, restating, echoing, giving listener's acknowledgement, adding specifications and generalizations, gaining time, all to elicit responses he already knows. The teacher's questions are display questions and show none of the "information gap" characteristic of natural exchanges. Meanings are not negotiated; rather, procedures are refined and navigated around to achieve predictable utterances from the learners. Turns are allocated by the teacher, and their length and the length of an exchange with any individual student is determined by the teacher alone.

The predominant instructional attention to form rather than content restricts the linguistic choices of the learner and elicits normative forms of redress or correction from the teacher, rather than the more evaluative comments used by speakers in natural settings ("oh yeah?," "really?"). For example:

Teacher: Why did Colin ... Why did Colin go to the doctor? (Pause) Can you remember why he did go to the doctor? Yes?
Student: He had a flu.
Teacher: No. He felt awful.
Student: He felt awful.
Teacher: Can you say it? Colin felt awful?
Student: Colin felt awful.
Teacher: O.K. Who went with Colin?

Here the student is rebuffed because she didn't use the expected form that was drilled that day (to feel + adjective).

The examples above seem to indicate that traditional forms of teacher-learner interaction inculcate schooled forms of communication that don't apply to the outside world and fail to socialize the learners into the natural verbal patterns of thought and behavior required by the new language and culture.

SOCIALIZATION INTO A SECOND CULTURE

If learning a language is learning linguistic form in a variety of meaningful social contexts, foreign-language learners have, then, three tasks: they must learn how to structure social encounters, not only with teachers, but with peers in academic and nonacademic environments; they must learn how to negotiate both topic and meaning for optimal mutual understanding; and they must learn how to fulfill the demands of spoken language on the basis of a knowledge acquired from spoken and written texts. In each of these tasks, the interaction provides the comprehensible input necessary to learn or to consolidate the learning of the forms of the language, along with their use.

STRUCTURING SOCIAL ENCOUNTERS

Verbal social encounters are characterized by almost ritualized strategies for establishing and maintaining contact. Lily Wong Fillmore observed the play of five Spanish-speaking children paired with five English-speaking friends for the period of one school year to discover what social processes might be involved when children who need to learn a new language come into contact with those from whom they are to learn it. Although all five Spanish speakers attended the same classes and were of the same zero level of proficiency in English, and although none of them received formal language instruction, after three months the discrepancies in progress were enormous. It appeared that the better learners used the following social and cognitive strategies:

Social Strategies

1: Join the group and act as if you understand what's going on, even if you don't.

2: Give the impression—with a few well-chosen words—that you can speak the language.

3: Count on your friends for help.

Cognitive Strategies

1: Assume that what people are saying is directly relevant to the situation at hand, or to what they or you are experiencing.

2: Get some expressions you understand and start talking.

3: Look for recurring parts in the formulas you know.

4: Make the most of what you've got.

5: Work on big things first; save the details for later.

NEGOTIATING CONTEXT AND MEANING

Researchers of second language acquisition in classrooms concluded from a study of question patterns by learners that negotiation of the social context, like negotiation of meaning, may be essential to the promotion of interaction necessary for successful second language acquisition. The researchers recommend increasing learner-to-learner interaction in the classroom. And indeed, recent studies document the amount of social and psychological negotiation that can take place in learner-learner interactions in task-centered discussions. As might be expected, learners talk significantly more to other learners than to the teacher when given the opportunity. They use the same interactional devices as native speakers to increase comprehensibility and they even get more practice by prompting conversations with other learners (*i.e.,* completing the other speaker's utterances in midstream, as in: A: "so I had to come back." B: "and ask again." A: "yeah, and ask again"). Learners perform the same types of repairs as native speakers. Research has even shown that teachers need not be overly concerned about learners picking up each other's errors or miscorrecting each other: error incorporations found in learner-learner conversations are far fewer than one would expect. In short, except for sociocultural rules of appropriateness that can only be learned from a teacher or a native speaker, for all other, more universal strategies of exchange of meaning, learners derive great benefit from talking to other learners as well as to the teacher.

"Teacherless tasks," such as problem-solving exercises and debates, generate more turn-taking, more questions, and generally a higher level of verbal and logical reasoning than when the teacher leads the discussion. The increased frequency of nonunderstanding routines in learner-learner talk indicates a negotiation of intended meanings, thus allowing greater opportunities for learning.

LEARNING SPOKEN LANGUAGE

Most foreign language textbooks teach syntactic constructions and grammatical features necessary to establish textual cohesion and semantic coherence in written discourse. But the conditions of spoken discourse impose other rules to oral communication than those found in the written dialogues of the textbook: to keep the attention of a listener, one needs repetition and rephrasing, topic initiating constructions ("My book—do you have it?"), echo utterances ("Your book?"), hesitation markers ("well..."), and rhetorical devices marking switches in topic ("excuse me, but..."). To save both the listeners and one's own face, modulation markers are needed ("I'd like to ask you," "it seems to me," "you know what I mean"). To keep the flow of conversation going, completion of sentences is done cooperatively (A: "Where are you going?" B: "To the station") rather than individually (A: "Are you going to the station?" B: "Yes, I am going to the station.").

Many aspects of spoken language are culturally determined. The degree of formality, register, speed, and the appropriateness of interruptions vary from language to language and their mastery is part of the sociolinguistic component of communicative competence.

Conversation that unfolds in time and is accompanied by nonverbal communication and body language has its own rhythm punctuated by turn-taking and turn-yielding, and by the intonation contours of each utterance. Students, used to the fragmented question/answer patterns of traditional classroom discourse, have to rediscover the oral conditions of earlier conversations in their native language. Redundancies and echoing of what has been said keep both speaker and listener surely on the track. Formulaic elements and prefabricated parts of speech obviate the need to create and improvise at each turn-at-talk. Using naturally spoken language means taking advantage of intonation, stress, pitch, chunking, and pauses to fill the rhythms and push the conversation forward.

The conditions of written and spoken language are different and require different pedagogies. Used in formal settings, these pedagogies can contribute not only to the process of socialization but also to the growth of interactional competence in a foreign language.

TOWARD INTERACTIONAL COMPETENCE IN A SECOND LANGUAGE

Given that the philological, text-analytic approaches to language learning had failed to achieve the communicative competence necessary to use language appropriately in social settings, foreign language pedagogy in recent years has radically changed its objectives, broadened its paradigm, and now fosters a new literacy in second language and culture. These developments are reflected in a new understanding of the teacher's and learner's roles, and in a renewed metalinguistic awareness on the part of teachers and learners.

THE INTERACTION CONTINUUM

The dual nature of the language acquisition task, learning the forms and learning how to use them, creates tension between individual and group work, between teacher-controlled and group-managed learning, and between instructional and natural forms of discourse. Thus the interaction between group members in a classroom moves between the two poles of a continuum consisting of what H.H. Stern calls "instructional options." These are determined by the roles the participants choose to adopt, the tasks they accomplish, and the type of knowledge they exchange.

	Instructional Discourse	*Natural Discourse*
Roles:	fixed statuses	negotiated roles
Tasks:	teacher-oriented	group-oriented
	position-centered	person-centered
Knowledge:	focus on content	focus on process
	accuracy of facts	fluency of interaction

Roles of the participants. At one end are fixed, institutionalized statuses of teacher and student with expected and predictable behavior patterns acquired through years of schooling. At the other end are roles and tasks, negotiated by speakers and hearers brought together by the common foreign language and engaged in natural conversation. Neither extreme ever exists in the classroom in its pure form. Teacher-student institutional statuses are determined by the cultural norms and personal experiences of each participant. Thus, different students may have very different perceptions of what appropriate classroom behavior is; various adult foreign language learners have had various prior school experiences. Conversely, the variety and fluidity of roles encountered in natural settings are limited by the asymmetric nature of classroom dialog and the constraints of the institution. Thus social roles have to be, to a greater or lesser extent, negotiated between teacher and learner for the successful completion of learning and teaching tasks.

Tasks accomplished. Tasks also vary along the interaction continuum. At one end lies position-centered teaching and learning, in which information is delivered and received; at the other end lies person-centered communication, in which information is exchanged and meanings are negotiated. These two poles correspond to the two types of functions that have to be fulfilled in any group interaction: individual and group tasks and individual and group maintenance.

Learners have to achieve a number of individual tasks to improve their knowledge of the language: they must identify words and attribute meanings, make relevant contributions, and form grammatically and lexically acceptable utterances. Individual task functions are, for example, listening, making sense, checking understanding, giving information, expressing opinions, and correcting errors.

Learners must also achieve a given group task together (problem-solving exercise, simulation game, discussion of a text, etc.) to improve their ability to communicate with one another in the language. Group task functions include initiating turns, seeking and giving opinions, seeking and giving information, clarifying comments, elaborating on others' ideas, summarizing and reviewing what has been said. In position-centered classes, group task functions are usually the responsibility of the teacher; in person-centered communication, the tasks are negotiated.

As individuals, learners have to define their place and their role in the group. To do so, they have to fulfill such individual maintenance functions as choosing their role within the group (the initiator, the challenger, the quiet listener, the helper) for each of the group's activities; determining how much control and influence they want to have; determining how much control they can get and in which areas of the group's activity students use it; and deciding how to fulfill their own individual needs while pursuing the group's objectives.

As group members, learners have to help maintain group cohesion by fulfilling group maintenance functions: they must make procedural remarks on classroom discourse, elaborate on/refer to what others have said, give feedback to others, help with language difficulties, and elicit participation ("gate-keeping"). Group maintenance functions are not generally expected of learners in teacher-oriented classrooms. Group work implies a change of roles and redistribution of tasks.

Types of knowledge exchanged. Position-centered interaction usually concentrates on the content of the lesson or what is learned. Information is given by the institutionally appointed teacher and is received by individuals whose institutional position defines them as students. This type of interaction stresses accuracy in the use of the language and in the individual acquisition of linguistic skills. By contrast, person-centered interaction is concerned with the interactional process itself, *i.e.,* the way each learner interacts with the material and with the other members of the group. Information is exchanged and understanding is negotiated by persons all having their own style of interaction. It is this style that defines their role in the group. Toward this end of the continuum, learning how to learn, how to acquire control over the discourse of the classroom, is at least as important as what is said and learned. Here the accent is placed on ease and fluency of language use and the acquisition of interactive skills.

In both cases, reflection on the language is an integral part of the learning process. In the former it is a metalinguistic reflection through the study of the grammar and syntax. In the latter, it is a metacommunicative awareness on the discourse processes involved in using the foreign language.

The way students learn to use language is thus largely dependent on what knowledge is exchanged, how and through which roles, and where these three parameters of communication are placed on the interaction continuum.

(Excerpt from "Classroom Interaction and Discourse Options" by Claire Kramsch, *Studies in Second Language Acquisition,* © 1986, Cambridge University Press. Reprinted with permission.)

TURNS, TOPICS, AND REPAIR TASKS

If the teacher is to teach both rules of grammar and rules of use, he or she has to serve as a social model in the classroom and diversify the interaction style to include natural discourse patterns.

Strong arguments have been made to make teacher-talk more natural or at least more "convivial." Researchers at the Ontario Institute for Studies in Education devised an observation scheme for teachers to assess how much natural communication goes on in their own classrooms. They used seven criteria: use of target language; information gap; use of sustained speech; reaction to message rather than to code; incorporation of other speakers' utterances into one's turn-at-talk; initiation of turns; and choice of linguistic form. The more emphasis given to each of these criteria, the more natural communication is in the classroom. We will see how this can be done below.

Many teachers feel that they lack the natural proficiency that would allow them to move away from the strict instructional interaction they are used to. You can acquire greater social flexibility by first becoming consciously aware of what strategies you use in natural situations with native speakers, and by systematically noting how native speakers perform such tasks as showing indecision, asking for clarification, checking comprehension, giving feedback to listeners, starting and ending conversations, etc. If for each of these tasks, you gather a small collection of heard or overheard verbal strategies with the social situation in which they occur (degree of familiarity, thematic and situational context), you can use a few strategies selectively for the daily management of your lessons. Thus you will offer models for a behavior which your students can later imitate. You will need to pay attention to three areas: turns-at-talk, topic management, and repair tasks.

Turns at Talk. Language classroom observers have noted the power that comes from controlling the turns-at-talk in the classroom. In teacher-oriented interaction, the teacher selects the next speaker and automatically selects him/herself as the one after next. There is little motivation for students to listen to one another, and the only motivation to listen to the teacher is the fear of being caught short of an answer.

Teaching students how to initiate turns, as easy as this might seem, requires teaching a number of skills that are not automatically transferred from the mother tongue. Speakers must learn how to listen to the utterance of a previous speaker by its delivery, process the utterance as it is spoken, interpret it, create and formulate a reply as they listen, find a natural completion point in their interlocutor's discourse, and take the floor at the appropriate moment. This requires a concentration and a combination of listening and speaking skills that need to be practiced.

In group-oriented interaction you should systematically encourage the students to take control of the turn-taking mechanism, by following the five rules of natural turn-taking:

1) tolerate silences; refrain from filling gaps between turns. This will put pressure on students to initiate turns.
2) direct your gaze to any potential addressee of a student's utterance; do not assume that you are the next speaker and the students' exclusive addressee.
3) teach the students floor-taking gambits; do not always grant the floor.
4) encourage students to sustain their speech beyond one or two sentences and to take longer turns; do not use a student's short utterance as a springboard for your own lengthy turn.
5) extend your exchanges with individual students to include clarification of the speaker's intentions and a negotiation of meanings; do not cut off an exchange too soon to pass it on to another student.

By moving toward more group-controlled forms of turn-taking, classroom interaction also gives the group more practice in the management of topics.

Topic Management. Control of the turn-taking mechanism generally gives a speaker control of the topic. At one end of the continuum, the information exchanged between teacher and student and between students is predictable and ritualized most of the time. Questions are mostly display questions or pseudo-requests, eliciting information from the students' answers, which are known in advance. At the other end of the continuum, the teacher's questions show the information gap characteristic of natural discourse. Answers are not judged according to whether they correspond to what the questioner had in mind, but are assessed according to how well they contribute to the topic. Perceptions and intentions are the object of negotiation and constant readjustment between interlocutors.

If students take an active part in interactions, they must be shown how to control the way topics are established, built, and sustained, and how to participate in the teaching and learning of lessons. The following three rules of natural discourse can be useful:

1) use the foreign language not only to deal with the subject matter, but also to regulate the interaction in the classroom. You will thus offer a model of how to use interactional gambits in natural discourse.
2) keep the number of display questions to a minimum. The more genuine the requests for information, the more natural the discourse.
3) build the topic at hand together with the students; assume that whatever they say contributes to this topic. Do not arbitrarily cut off a student's utterance because you perceive it to be irrelevant. It might be very relevant to the student's perception of the topic.

Repair Tasks. Linguistic errors and other trouble areas such as procedural problems or problems of transmission are addressed at one end of the continuum mainly on the initiative of the teacher. The teacher points out linguistic errors, and requests the speaker to correct his or her own mistakes, or asks a fellow student to do so. To identify a problem (grammatical error or inaudible speech, for example), the teacher either withholds evaluation, ignores the answer given and repeats the question, repeats the trouble source as a query, or changes the addressee. Procedural problems, such as misunderstandings in the activity rules (*e.g.*, individual response instead of choral response) are also taken to be an error on the part of the students and are redressed by the teacher.

In a group-oriented class, errors should be considered natural accidents on the way to interpersonal communication. Linguistic errors are the responsibility of the learner. They are treated as interactional errors and are mostly self-initiated and self-repaired. Students are given time to realize their error without the teacher immediately requesting a correction. They then either choose to repair it or ask for help, or let it go, in order to save face. Repeated failure to repair can prompt the teacher to initiate an interactional adjustment and model the right form with a face-saving comment ("you mean...?"). Transmission and procedural problems are considered to be the responsibility of both the teacher and the students. As such, the teacher apologizes for them ("Excuse me, I didn't hear what you said," "I'm sorry, I didn't make myself clear") and they are cooperatively repaired.

Natural forms of interaction in the classroom would therefore require that you frequently observe the following rules of natural repair:

1) pay attention to the message of students' utterances rather than to the form in which they are cast (unless you are engaged in a grammar drill). Keep your comments for later.
2) treat the correction of linguistic errors as a pragmatic or interactional adjustment, not as a normative form of redress.
3) give students a choice in the linguistic form of their utterances, *e.g.,* if they are not sure of their subjunctive, allow them to avoid this form and to find alternatives.
4) make extensive use of natural feedback ("hm,/interesting/I thought so too") rather than evaluating and judging every student utterance following its delivery ("fine/good"). Do not overpraise.
5) give students explicit credit by quoting them ("just as A said"); do not take credit for what students contributed by giving the impression that you had thought about it before.

(Ibid.)

PEER INTERACTION AND SOCIOCULTURAL AWARENESS IN THE CLASSROOM

Many arguments have been made for diversifying group formats and interactional tasks for instruction using pairs, small groups, whole class, problem-solving tasks, debates, and discussions. This diversification aims at providing the learner with a variety of social configurations in which to use the language for various purposes: private or public speech, message-focused or form-focused dialog with or without the need to vie for the floor, and with or without a time limit. These alternatives to "lock-step" teacher-class instruction have the advantage of taking into account the "differential uptakes" of individual learners. Despite the teacher's schedule and the textbook's syllabus, learners will process and actualize what they have learned at their own pace, according to their own interests and priorities, and in reaction to social contexts that are meaningful to their own experience.

Many recent pedagogical materials offer suggestions for role-play, structured small group activities designed to enhance communication in the classroom. *Reden, Mitreden, Dazwischenreden* adds the conversational training necessary for structuring natural exchanges. However, as some studies have pointed out, if socialization devices in the classroom remain mere procedures, they can contribute neither to the social growth nor the conceptual development of the learners. The secondary socialization into a foreign culture can only happen via sociocultural awareness of language in use — a new kind of literacy.

Literacy has been defined by Gordon Wells as "the full exploitation of the meanings encoded in language, whether spoken or written." Contrasted with illiteracy, literacy has been mainly associated with the ability to read and write and to demonstrate an educated knowledge of literary and nonliterary texts. Contrasted with orality, an unschooled tradition in the acquisition of knowledge, literacy has been defined as the reflexive capacity, acquired through schooling, to acquire knowledge. Walter Ong remarks that literacy makes speakers conscious of their interactions, that is, it makes language conscious of itself by removing it temporarily from the natural context in which it is embedded.

If we take the interactional dimensions of language seriously, as well as the type of learning we can best impart in school settings, we should not only provide authentic and simulated natural contexts of acquisition, but use the unique literate environment of the classroom to reflect consciously and explicitly on interaction processes in various social contexts. Some foreign-language researchers even go so far as to hypothesize that the process of classroom interaction is, itself, the learning process. They recommend that teachers and learners use the interactional processes in the classroom as objects of observation and study. The classroom would thus generate its own educational material and the teacher and learners would not only be practitioners but experimenters of the classroom.

Reden, Mitreden, Dazwischenreden provides just such an environment. The activities presented here not only develop communication strategies, but also explicitly sensitize the learners to interaction processes by setting up peer observers of pairs or small group interactions, debriefing and interpreting the interactional patterns observed, and by discussing social and cultural differences.

CONCLUSION

Foreign language methodology has abandoned the narrow, philological approach that excluded the possibility of students becoming communicatively competent in the language. It now stresses the socialization aspect of language learning by focusing on the interactional processes through which language is learned and different patterns of cultural thought and behavior are acquired.

However, the current push for functional objectives (*ACTFL Proficiency Guidelines, 1986*) and Stephen Krashen's emphasis on acquisition over learning, have raised concerns that foreign language socialization might be nothing other than a behavioristic conditioning masquerading as communicative competence.

The most recent trends therefore advocate a new form of literacy. This new literacy preserves the experimental, interactive approach to language learning developed in the past ten years, while at the same time enriching it through a critical reflection that intensifies the learner's sense of self and fosters more conscious interaction between learners. This integration of socialization and literacy in a foreign language forms the very first step toward the larger integration of language and culture in foreign language education.

(Excerpt from "Socialization and Literacy in a Foreign Language: Learning Through Interaction," *Theory into Practice* — Teaching Foreign Languages, Autumn 1987. Ohio State University College of Education.)

Part 2
Transcript of student tape

This manual contains a full transcript of the tape accompanying *Reden, Mitreden, Dazwischenreden.* With the exception of the first observation text in chapter 1 and the commercials in chapter 10, the transcribed recordings were made in a studio by five native speakers of German temporarily residing in the United States. The interlocutors were asked to conduct spontaneous, unrehearsed conversations on specific topics. They either acted out roles specified by the situation, as in the chapter 2 exercises, or they spoke about themselves, as in chapters 9 and 10.

The following biographical data will help define their regional accents, their personal background, and the register they use.

Dialogues (recorded fall 1984):

Martin: born in 1952 near Stuttgart; lived 8 years in Mannheim; a graduate student in mathematics; was in the U.S.A. for one year.
Helga: born in 1957 in Oberhausen; has lived most of her life in Osnabrück; a physical therapist; has been in the U.S.A. with her boyfriend.
Helmut: born in 1949 in Düsseldorf; has lived 12 years in Berlin; a software engineer, worked in the U.S.A. for one year.
Jörg: born in 1950 near Stuttgart; studied medicine in Berlin; worked as an internist in the U.S.A., married.

Instructions and Variations (recorded fall 1989):

Bernd: born in Bergisch-Gladbach, near Köln, has lived in the U.S.A. since 1983; is now Assistant Professor in German Studies at MIT, Cambridge; married.
Geraldine: born in München; lived for four years in Ireland; since 1987 in a Ph.D. program for German at Harvard University.
Gerd: born in Bietigheim-Bissingen, near Stuttgart; has lived in the U.S.A. since 1985; is now in a Ph.D. program in Aeronautics at MIT.
Helga: student at the MIT Center for Visual Arts, specialty is light sculptures.

KAPITEL 1: Gespräche beginnen und beenden

KAPITEL 1, GESPRÄCHE 1-8

Listen to the eight short exchanges on your tape several times through and practice mimicking the intonation, rhythm, and timing. Note down in your book how people begin and end conversations in various situations with various partners.

Kapitel 1, Gespräch 1

Martin: Ach grüß dich, Helmut, dich habe ich ja schon lang nicht mehr gesehen, wie geht's dir denn so?
Helmut: Och, mir geht's ganz gut; aber wolltest du mich nicht mal besuchen kommen?
Martin: Ah du weißt doch, am Ende vom Semester, soviel Korrekturen und so weiter, na...
Helmut: Hast du morgen abend vielleicht Zeit? Ich bin morgen abend zu Hause.
Martin: Morgen abend, oh ja, das wäre... das wäre ganz gut. Das paßt bei mir.
Helmut: O.K., dann komm vorbei. Ich bin morgen da.
Martin: Ah gut, bis morgen dann, Helmut.
Helmut: O.K. Tschüß!

Kapitel 1, Gespräch 2

Helmut: Hallo, Martin, wie geht's dir denn?
Martin: Hallo, Helmut, wie schön, daß du mich abholst!
Helmut: is' doch selbstverständlich. Ich hab' meinen Wagen draußen stehen, wenn du mitkommst, können wir gleich losstarten.
Martin: Ah, warte mal, ich muß zuerst mein Gepäck holen noch.
Helmut: O.K., dann warte ich halt solange in Wagen, ich hab sehr schlecht geparkt und ich möchte nicht aufgeschrieben werden.
Martin: Bis dann.
Helmut: Bis gleich!

Kapitel 1, Gespräch 3

Helmut Franzen: Guten Tag, mein Name ist Franzen, ich hatte vorhin bei Ihnen angerufen.
Helga Kunold: Ja, guten Tag, Herr Franzen. Stimmt, Sie wollten...Nehmen Sie doch Platz, bitte. Sie wollten kurzfristig bei uns arbeiten. Stimmt das? Ich muß mal nachschauen. Da haben wir absolut keinen Platz frei diese Woche, es tut mir wirklich leid.
Helmut: Hat es Zweck, wenn ich nächste Woche noch 'mal bei Ihnen vorbeischaue?
Helga: Ja, sicherlich. Kommen Sie einfach noch 'mal vorbei oder rufen Sie vorher an.
Helmut: Ja, gut, ich komme dann nächste Woche noch 'mal vorbei. Recht herzlichen Dank. Auf Wiedersehen.
Helga: Gut, auf Wiedersehen, Herr Franzen.

Kapitel 1, Gespräch 4

Helga: Ich glaube, Sie kennen sich noch nicht. Darf ich Sie vorstellen? Dies ist Herr Schlichenmaier und Herr Franzen.
Helmut: Grüß Gott.
Martin: Angenehm.

Transcript of Tape   13

Kapitel 1, Gespräch 5

Martin: Servus, ich heiße Martin Schlichenmaier.
Helga: Morgen, mein Name ist Helga, Helga Kunold.
Martin: Wo kommst du eigentlich her?
Helga: Ah, ich bin aus Göttingen und du?
Martin: Ich komme aus der Gegend von Stuttgart. Bist du jetzt schon lange in Berlin?
Helga: Nein, ich bin gerade erst angekommen. Ich kenne mich noch nicht so sehr gut aus. Die Stadt ist so groß. Kannst du mir vielleicht helfen?
Martin: Ja, nach der Vorlesung, gerne.
Helga: Gut. Dann schauen wir etwas in der Stadt rum. Das wäre schön.
Martin: O.K.

Kapitel 1, Gespräch 6

Helga: Hallo, Helmut, hier ist Helga.
Helmut: Hallo, Helga, wie geht's denn?
Helga: Oh, mir geht's ganz gut. Ich ruf' eigentlich nur an, weil ich wissen wollte, ob du heute Lust hast, ins Kino zu gehen?
Helmut: Hm, um ehrlich zu sein, ich habe heute abend noch 'ne Menge zu tun, äh, ich muß da ein Buch durcharbeiten. Können wir uns vielleicht ... vielleicht ein andermal treffen?
Helga: Oh schade, aber O.K., ich verstehe das, wenn du viel zu tun hast; vielleicht ein andermal.
Helmut: Ja, das wäre wirklich toll.
Helga: O.K., dann das nächste Mal, tschüß dann.
Helmut: O.K., tschüß.

Kapitel 1, Gespräch 7

Helga: Hier Helga Kunold. Darf ich bitte Herrn Dr. Franzen sprechen?
Helmut: Ja, hier Franzen. Selbst am Apparat.
Helga: Ah, guten Abend, Herr Doktor. Ich rufe an wegen der Anzeige, die in der letzten Ausgabe der Zeitung stand. Ich bin Sprechstundenhilfe und habe schon einige Jahre gearbeitet und wollte mich bei Ihnen wegen der Stelle erkundigen.
Helmut: Also die Stelle ist noch frei.
Helga: Ja, wann—wann darf ich mich denn bei Ihnen vorstellen?
Helmut: Moment mal, würde es Ihnen passen, wenn Sie am Dienstag abend nach der Praxis kommen? Das hieße so gegen 19 Uhr?
Helga: Oh, ja, gut, ich habe jederzeit frei im Moment. Gut dann, Dienstag abend um 19 Uhr. Vielen Dank. Auf Wiedersehen dann.
Helmut: Ja, auf Wiedersehen dann, bis Dienstag abend.

Kapitel 1, Gespräch 8

Helga: Ja, hier ist Helga Kunold. Guten Tag, Herr Schlichenmaier, ich hätte gern Christa gesprochen.
Martin: Ja, hm. Christa ist im Moment nicht da. Sie ist in der Stadtbücherei. Soll ich ihr was ausrichten?
Helga: Hm, nein, danke schön. Ich wollte eigentlich nur mal so mit ihr reden. Ich ruf dann wieder an. Ja?
Martin: Ist in Ordnung. Ich sage ihr, du hättest angerufen. Wiederhören!
Helga: O.K., danke, Wiederhören!

In the following two conversations between native speakers of German you can observe how various kinds of strategies are used. Play each conversation through once and then return to sections which you find particularly difficult or interesting.

Kapitel 1, Observation Text 1

asking for clarification	B. Ich bin sechzehn Jahre alt und arbeite in der Metallindustrie.
	A. Ja – warum haben Sie gerade diesen Beruf gewählt – also Metallindustrie?
explanation buying time	B. Das war eigentlich irgendwie auch mal mit – mein Traumberuf war – ich wollte gerne arbeiten und zwar nich gerade geistig, sondern mehr körperlich.
acknowledgment and interpretation with "also"	A. Ja – also kann man sagen, daß Sie ihn selbst gewählt haben, diesen Beruf?
echo confirmation	B. Ich habe diesen Beruf selbst gewählt.
acknowledgment and questions	A. Ja – und was macht zum Beispiel Ihr Vater? Und ist Ihre Mutter auch berufstätig?
	B. Nein – meine Mutter ist nicht berufstätig. Aber mein Vater ist Vermessungsingenieur im öffentlichen Dienst.
acknowledgment and request for clarification	A. Ja – können Sie das vielleicht etwas näher erklären, was das ist, ein Vermessungsingenieur?
	B. Ein Vermessungsingenieur das ist – im öffentlichen Dienst, das wär bei der Bundeswehr – er vermißt sozusagen die Landkarten, die ja auch später hergestellt werden.
acknowledgment and question	A. Ja – ja. Leben Sie noch bei Ihren Eltern?
echo confirmation	B. Ja, ich leb noch bei meinen Eltern – aber –
completing the sentence by offering interpretation	A. Es gefällt Ihnen nicht mehr so recht.
	B. Es gefällt mir nicht, weil – ich habe – dementsprechend mehr Aufgaben zu Hause noch zu stellen.
acknowledgment and offering interpretation	A. Ja – müssen Sie da helfen – oder?
	B. Helfen weniger, aber es fallen so Arbeiten an wie Reparaturen, die so im Haushalt vorkommen.
acknowledgment and interpretation with "also" linking to A's interpretation	A. Hm, – und Sie würden also vielleicht lieber allein wohnen and unabhängig sein.
	B. Allein schon wohnen aber ganz unabhängig – das, glaub ich, ist in meinem Alter noch zu früh.
	A. Ja – und vielleicht ist Ihr Einkommen auch nicht so hoch. Wieviel verdient so ein Lehrling wie Sie?
	B. Also –

Transcript of Tape

Kapitel 1, Observation Text 2

throwing the ball with a starter	A. Ich möchte noch was sagen. Die *Bildzeitung* schrieb gestern, 81% der Jugendlichen haben bei einer Umfrage erklärt, daß sie die Kommune ablehnen und sogar darüber – sie sogar verspotten. Das steht in der *Bildzeitung* von gestern.
	B. Verspotten?
echo (interrupting with partial repetition)	A. Verspotten. Der Ausdruck ist gebraucht worden und
interrupting with marker	C. Und Moment – Augenblick – wer geht denn in – wer bildet denn die Kommunen? Du sagtest vorhin...
trying to take the floor	B. Also ich finde überhaupt, die Kommunen...
taking the floor with an option marker	C. Also darüber müssen wir uns doch ganz klar sein – die *Bildzeitung* hat einen rein propagandistischen Effekt.
countering with a marker	A. Na ja – anderseits wollen diese Leute, die in Kommunen leben, an ihren Kindern wieder gutmachen, was ihre Eltern falsch gemacht haben.
asking for clarification	B. Wie meinst du das?
starter and opinion marker	A. Also ich meine, daß diese ganzen Probleme, die manchmal zwischen Kindern und Eltern entstehen, einfach darin liegen, daß diese Institution Ehe und Familie meines Erachtens schädlich ist; ich könnte mir vorstellen...
interrupting with echo	B. Schädlich?
asking for clarification	C. Wieso schädlich?

16 Instructor's Manual

KAPITEL 2: Um Auskunft bitten und Auskunft geben

Kapitel 2, Gespräch 1

Hören Sie bitte dem ersten Gespräch mindestens zweimal zu. Dann schreiben Sie Teil A in Ihrem Buch. Sie dürfen dabei das Tonband noch mehrmals abspielen. Die Übung 1 zu Teil B ist auf dem Tonband.

Arbeitgeber: So dann brauchen wir jetzt Ihre Angaben zur Person. Äh, so wie ist Ihr Name bitte dann?
Ruth: Ja, äh ich heiße Ruth Conner.
Arbeitgeber: Wie bitte? Können Sie das vielleicht mal buchstabieren?
Ruth: Ja, ich, ich heiße Ruth also R U T H.
Arbeitgeber: Ja
Ruth: C O N N E R
Arbeitgeber: Ja. Ist das Ihr Geburtsname dann der letzte?
Ruth: Ja. Geburtsname ist Conner.
Arbeitgeber: Conner. Ja. Ich schreib's auf. Ja, und wie alt sind Sie dann, beziehungsweise ich brauch dann Ihr Geburtsdatum.
Ruth: Ja, Geburtsdatum ist ähmm vierzehnte Juli äh neunzehnhundertfünfzig.
Arbeitgeber: Neunzehnhundertfünfzig, ja. Ja, hab ich, und sind Sie verheiratet?
Ruth: Nein, ich bin ledig.
Arbeitgeber: Ledig, ja. Und was ist Ihr Wohnort beziehungsweise ich brauche Ihre genaue Adresse jetzt, wo Sie jetzt wohnen.
Ruth: Ja, ich wohne jetzt in der Adelheidstraße einunddreißig.
Arbeitgeber: Ja, in welchem Stadtteil ist es?
Ruth: Ja, das ist München dreizehn, glaub' ich.
Arbeitgeber: München dreizehn. Ja, hab' ich. Gut soweit das. So, wann sind Sie nach Deutschland gekommen?
Ruth: ähmm ja, ich weiß nicht mehr, wann war das denn? Ähmm, ich bin... ich glaube ja es war am siebten September bin ich gekommen.
Arbeitgeber: hmmm. Gut, am siebten September.
Ruth: Also im letzten Jahr also.
Arbeitgeber: Im Dezember dann.
Ruth: Ne, September.
Arbeitgeber: September, ja.
Ruth: Ich bin aber schon neunzehnhundertzweiundachtzig gekommen.
Arbeitgeber: Gut und ja ich hab's. Und Sie wollen jetzt im Café Rose arbeiten vom fünfzehnten Juli bis zum ersten September. Das ist richtig?
Ruth: Ja, ja das ist jetzt richtig.
Arbeitgeber: Gut.
Ruth: Im Sommer jetzt.
Arbeitgeber: Gut soweit dann der Antrag, der wär' dann erst mal fertig.

Schreiben Sie jetzt Teil A.

Transcript of Tape

Teil B. Was kann man noch sagen?

Übung 1.
Hören Sie jetzt einen kurzen Ausschnitt aus dem Gespräch. Was sagt der Arbeitgeber, wenn er die Auskunft gehört hat? Wiederholen Sie dann die vier Varianten.

Arbeitgeber: *Ist das Ihr Geburtsname, dann der letzte?*
Ruth: *Ja. Geburtsname ist Conner.*
Arbeitgeber: *Conner. Ja. Ich schreib's auf.*

    Ja. Ich schreibe es auf. — —
    Conner. Gut, habe ich. — —
    Gut, Name ist Conner. — —
    Ja, dann, soweit das. — —

Sie hören jetzt den kurzen Ausschnitt noch eimal. Bitte setzen *Sie* eine neue Redewendung ein.

Arbeitgeber: *Ist das Ihr Geburtsname, dann der letzte?*
Ruth: *Ja. Geburtsname ist Conner.*
Sie:...

Übung 2. (Supplementary Exercise)
Hören Sie einen weiteren Ausschnitt aus diesem Gespräch. Wie spricht der Arbeitgeber seine Frage anders aus? Danach hören Sie drei Fragen. Wiederholen Sie diese Fragen.

Arbeitgeber: *Ja, und wie alt sind Sie dann, beziehungsweise ich brauch' dann Ihr Geburtsdatum.*
Ruth: *Ja, Geburtsdatum ist ähhhm vierzehnte Juli äh neunzehnhundertfünfzig.*

"Beziehungsweise" bedeutet "genauer gasagt", oder ich kann es sagen, wenn ich einen Satz oder ein Wort etwas präziser sagen will.

    Ja, und wie alt sind Sie dann, beziehungsweise ich brauche dann Ihr
    Geburtsdatum. — —
    Und was ist Ihr Wohnort, beziehungsweise ich brauche ihre genaue
    Adresse. — —
    So wann sind Sie nach Deutschland gekommen, beziehungsweise ich brauche Ihr
    genaues Einreisedatum. — —

Jetzt geben wir Ihnen den Anfang von zwei Fragen und *Sie* können nun die Fragen neu formulieren.

Arbeitgeber: *Und was ist Ihr Wohnort,...*

Arbeitgeber: *Ja, und wie alt sind Sie dann,...*

Kapitel 2, Gespräch 2

Hören Sie bitte dem zweiten Gespräch mindestens zweimal zu. Dann schreiben Sie Teil A und Teil B in Ihrem Buch. Sie dürfen dabei das Tonband noch mehrmals abspielen. Die Übung 1 zu Teil C ist auf dem Tonband.

Beamter: Verkehrsamt Husum.
Martin: Ja, hier Schlichenmeier. Äh ich möchte eigentlich dieses Jahr, möchte ich ganz gerne nach Husum kommen. Aber ich möchte eigentlich nicht nur baden. Deshalb habe ich mal eine Frage und zwar würd' ich gern wissen, ob ähhm außer Baden sonst noch was los ist in Husum.
Beamter: Aber klar, hier in Husum ist 'ne Menge los. Ich guck' mal kurz hier auf den Veranstaltungskalender. Also es gibt dort einmal einen Flohmarkt in der Nordseehalle. Der findet statt am sechzehnten August, dann haben wir weiter hier

	einen Herbstjahrmarkt. Der finder statt vom einundzwanzigsten bis zum vierundzwanzigsten August.
Martin:	Ja, aber das ist doch gar kein Herbst.
Beamter:	äh
Martin:	Was soll, was, äh, was wird da, wird denn da gemacht auf dem Herbstjahrmarkt?
Beamter:	Auf dem Herbstjahrmarkt werden vermutlich also Sachen verkauft, die irgendwie... also ich vermute, daß doch schon wärmere Sachen derzeit angeboten werden. Sie wissen, ja, der Übergang hier an der Nordsee findet wesentlich schneller statt. Aber ich weiß nicht.
Martin:	Eigentlich bin ich mehr an etwas also mmm... nichts so Kommerzielles interessiert... dann an etwas Kultur vielleicht.
Beamter:	In Kultur sind wir auch ganz groß. Also wir haben da zum Beispiel... Kennen Sie sicherlich das Theodor-Storm-Haus. Dort finden äh 'ne Reihe von besonderen Ausstellungen statt und äh falls Sie daran näher interessiert sind... ich kann Ihnen auch schon die Öffnungszeiten durchgeben.
Martin:	Äh, nein, ich glaube das äh mm kann man dann vor Ort noch abklären.
Beamter:	Ja, und wir haben natürlich auch das Schloß. Und das ist also in der Regel auch noch während der ganzen Woche und samstags und sonntags geöffnet. Also ich glaube, daß Sie da genügend Abwechslung hier finden.
Martin:	Und mmm zwecks Unterkunft, können Sie mir da vielleicht irgendwie weiterhelfen? Irgendwas vermitteln?
Beamter:	Aber klar. Ich kann Ihnen da 'ne ganze Liste von Pensionen oder, sofern sie interessiert sind, auch von Hotels zusenden. Wenn Sie mir Ihren Namen und Ihre Anschrift geben, dann schicke ich Ihnen die zu.
Martin:	Ja, doch das wäre ganz nett. Und zwar, also mein Name ist Martin Schlichenmeier.
Beamter:	Moment mal, Martin Schlichenmeier.
Martin:	Bellenstraße achtundfünfzig.
Beamter:	Bellenstraße achtundfünfzig.
Martin:	Und achtundsechzig null null, Mannheim eins.
Beamter:	Achtundsechzig null null, Mannheim eins. Ich schicke Ihnen die Sachen noch heute 'raus.
Martin:	Recht herzlichen Dank. Auf Wiederhören.
Beamter:	Auf Wiederhören.

Schreiben Sie Jetzt Teil A und Teil B.

Teil C: Was kann man noch sagen?

Übung 1.

Hören Sie jetzt wieder einen kurzen Ausschnitt aus diesem Gespräch. Wie bittet der Tourist um Auskunft? Danach hören Sie drei Varianten. Wiederholen Sie jede Redewendung.

Beamter:	*Also ich glaube, daß Sie da genügend Abwechslung hier finden.*
Martin:	*Und mmm zwecks Unterkunft, können Sie mir da vielleicht irgendwie weiterhelfen? Irgendwas vermitteln?*
Beamter:	*Aber klar.*
	Können Sie mir da vielleicht irgendwie weiterhelfen? — —
	Da habe ich noch eine Frage. — —
	Ich würde gern auch wissen, wo ich übernachten könnte. — —

Nun wiederholen wir den Anfang des Ausschnittes, und *Sie* können eine neue Variante ausprobieren.

Beamter: Also ich glaube, daß Sie da genügend Abwechslung hier finden.
Sie:...

Übung 2. (Supplementary Exercise)
Hören Sie jetzt wieder einen kurzen Ausschnitt aus dem zweiten Gespräch. Was sagt der Beamte, wenn er Auskunft geben will? Wiederholen Sie die vier Varianten, die Auskunft geben.

Martin: *Was soll, was äh, was wird da, wird denn da gemacht auf dem Herbstjahrmarkt?*
Beamter: *Auf dem Herbstjahrmarkt werden vermutlich also Sachen verkauft, die irgendwie... also ich vermute, daß derzeit schon wärmere Sachen angeboten werden. Sie wissen, ja, der Übergang hier an der Nordsee findet wesentlich schneller statt.*

Vermutlich werden also Herbstsachen verkauft. — —
Wie Sie wissen, ist das Wetter dann schon etwas kühler, und die Waren sind vermutlich für den Herbst gedacht. — —
Das ist ganz einfach. Es sind Sachen für die Übergangszeit. — —
Also... wir haben da zum Beispiel... schon wärmere Sachen. — —

Nun wiederholen wir den Anfang des Ausschnittes, und Sie können mit einer Variante antworten.

Martin: *Was soll, was, äh, was wird da, wird denn da gemacht auf dem Herbstjahrmarkt?*
Sie:...

Kapitel 2, Gespräch 3

Hören Sie bitte dem dritten Gespräch mindestens zweimal zu. Dann schreiben Sie Teil A und Teil B in Ihrem Buch. Sie dürfen dabei das Tonband noch mehrmals abspielen. Die Übung 1 zu Teil C ist auf dem Tonband.

Beamtin: Hier Fremdenverkehrsamt Baden-Baden.
Kimmerle: Ooh gut, daß ich Sie erreiche. Hier spricht Frau Kimmerle. Ich wollt' mal nachfragen, ob Sie für den August noch, ah, Einzelzimmer mit Bad und WC anzubieten haben, so in der mittleren Preisklasse, so eine Art Mittelklassehotel.
Beamtin: Im August. Moment mal, ja, ich muß mal gerade nachschauen. Das wäre ja schon jetzt in einem Monat.
Kimmerle: Ja.
Beamtin: Mmmmm. Das ist so die Hochsaison. Da muß ich mal nachschauen, ja? Was stellen Sie sich denn vor, Mittelklasse?
Kimmerle: So ich habe mir so vorgestellt, so ah siebzig Mark vielleicht mit Frühstück.
Beamtin: Für... jetzt für Sie alleine oder kommen Sie mit jemand?
Kimmerle: Ja, das, das... ich komme noch mit meinem Vater. Also wir wollen zwei Einzelzimmer nehmen.
Beamtin: Gut, ja. Da muß ich nachschlagen. Ich hab' hier eine ganze Liste von Hotels. Moment. Ja, also da ist eines, das wäre allerdings ein Doppelzimmer, Übernachtung mit Frühstück für fünfundsechzig D-Mark. Und das hängt ab, je nachdem wie lange Sie jetzt bleiben wollen. Hmmmm.
Kimmerle: Wissen Sie denn, aber wie heißt es denn, das Hotel?
Beamtin: Das ist Hotel Drei Kronen.
Kimmerle: Ja, ah können Sie mir denn sagen, kann man denn da den Hund mitbringen? Ich möcht' gern meinen Waldi mitbringen.
Beamtin: Oh, den Hund. Ich glaube, da müßten Sie dort direkt anfragen. Das kann ich Ihnen leider nicht sagen. Das steht hier nicht in diesen Angaben drin. Da müßten Sie direkt anfragen in den Hotel.

Kimmerle: Da müßt' ich ja auch unbedingt wissen, ob man ein Kinderbett aufschlagen kann, weil meine Nichte zu Besuch kommen will, übers Wochenende.
Beamtin: Och, da bin ich auch völlig überfragt. Das weiß ich leider nicht. Ähh, rufen Sie über solche persönlichen Fragen, erkundigen Sie sich am besten direkt beim Hotel. Würden Sie das denn bezahlen können? Fünfundsechzig D-Mark, das wäre mit Telefon und Dusche und es liegt...
Kimmerle: Vielleicht könnten Sie mal nachgucken, ob Sie noch was Billigeres haben, was vielleicht nahe... in der Nähe vom Kurpark ist.
Beamtin: Ahh, ja, Sie wollen auch in der Nähe vom Kurpark übernachten. Moment, ähhhm einen Moment bitte, ja da haben wir noch eins, was frei ist. Mitte August sagten Sie, na das ist Hotel Heinrich für achtundvierzig Mark mit also Zimmer mit Dusche und WC, das eben außerhalb des Zentrums gelegen, aber der Park ist in der Nähe.
Kimmerle: Also ja, darauf kommt's eigentlich an mit dem Waldi, ne, daß... daß man da spazierenlaufen kann. Können Sie denn da mal anrufen? An dem Hotel?
Beamtin: Ja, also ähh ich kann Ihnen die Nummer durchgeben. Dann können Sie nämlich Ihre persönlichen Fragen gleich dort abklären und fragen, ob das möglich ist.
Kimmerle: Ja, gut, also ich hol' mir mal was zu schreiben.

Schreiben Sie jetzt Teil A und Teil B.

Teil C: Was kann man noch sagen?

Übung 1.

Hören Sie jetzt einen weiteren Ausschnitt aus dem dritten Gespräch. Wie antwortet die Beamtin, wenn Sie unsicher ist? Dann wiederholen Sie die vier Varianten.

Kimmerle: *Da müßt' ich ja auch unbedingt noch wissen, ob man ein Kinderbett aufschlagen kann, weil meine Nichte zu Besuch kommen will, übers Wochenende.*
Beamtin: *Och, da bin ich auch völlig überfragt. Das weiß ich leider nicht. Ähh, rufen Sie über solche persönlichen Fragen, erkundigen Sie sich am besten direkt beim Hotel.*

Da bin ich völlig überfragt. — —
Ich muß mal gerade nachschauen. — —
Das kann ich Ihnen leider nicht sagen. — —
Also vermutlich ja, ich denke schon. — —

Jetzt hören Sie den Anfang des Ausschnittes. Setzen *Sie* eine der neuen Varianten ein.

Kimmerle: *Da müßt' ich ja auch unbedingt wissen, ob man ein Kinderbett aufschlagen kann, weil meine Nichte zu Besuch kommen will, übers Wochenende.*
Sie:...

Übung 2. (Supplementary Exercise)

Hören Sie jetzt einen weiteren Ausschnitt aus dem Gespräch. Wie macht die Beamtin klar, daß sie mehr und genauere Information braucht? Wiederholen Sie die drei Varianten.

Beamtin: *Das ist so die Hochsaison. Da muß ich mal nachschauen, ja? Was stellen Sie sich denn vor, Mittelklasse?*
Kimmerle: *So ich habe mir so vorgestellt, so ah siebzig Mark vielleicht mit Frühstück.*

Könnten Sie da etwas genauer sein? — —
Es hängt davon ab, je nachdem wieviel Sie bezahlen wollen. — —
Können Sie mal denn sagen, was Sie bezahlen wollen? — —

Beginnen *Sie* nun diesen Teil des Gesprächs noch einmal mit einer der Varianten.

Sie:...
Kimmerle: *So ich habe mir so vorgestellt, so ah siebzig Mark vielleicht mit Frühstück.*

KAPITEL 3: Gemeinsam planen und organisieren

Kapitel 3, Gespräch 1

Hören Sie bitte dem ersten Gespräch mindestens zweimal zu. Dann schreiben Sie Teil A in Ihrem Buch. Sie dürfen dabei das Tonband mehrmals abspielen.

Die Übung 1 zu Teil B ist auf dem Tonband.

Martin: Und, was hast du dir denn heute vorgenommen?
Helmut: Mmmm, also ich habe mir für heute noch nicht, nichts Richtiges überlegt. Wie sieht's denn bei dir aus?
Martin: Ach, ich denke, ich werd' mit der S-Bahn werde ich so gegen zehn am Marienplatz sein. Von dort aus hab' ich dann so ein oder zwei Stunden Zeit, um durch die Geschäfte zu gehen und in die große Buchhandlung, äh Herder oder wie sie heißt. Aber um zwölf möchte ich *spätestens* wieder am Rathaus sein.
Helmut: Da mußt du dich aber ganz schön ranhalten, also da gibt's nämlich 'ne Menge zu sehen, da gibt's sehr viele Geschäfte und oft gibt's so irgendwelche Leute, die da musizieren oder was machen.
Martin: Nachher kann ich dann gleich 'rüber zum Viktualienmarkt und hab vielleicht ungefähr 'ne Stunde dort Zeit, etwas zu essen.
Helmut: Ja, da gibt's ganz gute Sachen, das macht Spaß.
Martin: Genau. Am Nachmittag habe ich mich, habe ich mir dann vorgenommen, ein Museum zu besichtigen.
Helmut: Dort soll im Moment 'ne ganz tolle Ausstellung sein, hab' ich gehört.
Martin: Ja, in welchem? Also ich hab mir eigentlich vorgenommen, ins Haus der Kunst zu gehen. Es kann sein, daß du das meinst. Ich gehe äh dort habe ich nämlich gehört, daß... es gibt 'ne Führung durch die deutschen Expressionisten. Nachher möchte ich mir aber dann doch 'ne Stunde Zeit nehmen, um alles für mich ganz alleine anzuschauen. Da sieht man doch viel mehr als in der Führung.
Helmut: Ja, ja, ah ja.
Martin: Nachher möchte ich eigentlich dann äh in den Englischen Garten gehen. Wenn du Lust hast, können wir uns dort zum Kaffee treffen.
Helmut: Ja, meinst du, du schaffst es bis drei so?
Martin: Ähh, bis drei? Ähh...
Helmut: Oder etwas später?
Martin: Vielleicht, vielleicht 'n kleines bissel nach drei. Ähh da können wir uns dann dort treffen. Ja, das wäre sehr schön.

Schreiben Sie jetzt Teil A.

Teil B. Was kann man noch sagen?

Übung 1.
Hören Sie jetzt wieder den Anfang des Gesprächs. Wie beginnt der Tourist das Gespräch über seine Pläne? Er möchte vielleicht über seine eigenen Pläne spechen aber er fragt zuerst, ob sein Freund schon Pläne hat. Wiederholen Sie die drei Varianten seiner Frage.

Martin: *Und, was hast du dir denn heute vorgenommen?*
Helmut: *Mmmm, also ich habe mir für heute noch nicht, nichts Richtiges überlegt. Wie sieht's denn bei dir aus?*

Was hast du denn vor? — —

Transcript of Tape

              Wie sieht es bei dir heute aus? — —
              Hast du für heute schon einiges geplant? — —

Sie hören jetzt den kurzen Ausschnitt noch einmal. Bitte beginnen *Sie* mit einer neuen Variante.

Sie:...
Helmut: *Mmmm, also ich habe mir für heute noch nicht, nichts Richtiges überlegt. Wie sieht's denn bei dir aus?*

Übung 2. (Supplementary Exercise)
Sie hören einen kurzen Ausschnitt aus dem Gespräch. Was sagt der Tourist, wenn er anfangen will, über seinen Tagesplan zu reden? Dann wiederholen Sie die zwei Varianten.

Helmut: *Ja, da gibt's ganz gute Sachen, das macht Spaß.*
Martin: *Genau. Am Nachmittag habe ich mich, habe ich mir da vorgenommen, ein Museum zu besichtigen.*

              Ich habe heute vor, ... — —
              Ich dachte, ich könnte ... — —

Jetzt wiederholen wir nur den Anfang, und *Sie* können die Antwort mit einer der neuen Varianten weiterführen.

Helmut: *Ja, da gibt's ganz gute Sachen, das macht Spaß.*
Sie: *Genau...*

Übung 3. (Supplementary Exercise)
Nun hören Sie einen weiteren Ausschnitt aus dem Gespräch. Wie macht der Tourist die zeitliche Organisation seines Plans klar? Wiederholen Sie dann die fünf Varianten.

Helmut: *Da mußt du dich aber ganz schön 'ranhalten, also da gibt's nämlich 'ne Menge zu sehen, da gibt's sehr viele Geschäfte und oft gibt's so irgendwelche Leute, die da musizieren oder was machen.*
Martin: *Nachher kann ich dann gleich 'rüber zum Viktualienmarkt und hab' vielleicht ungefähr 'ne Stunde Zeit, etwas zu essen.*

              Danach kann ich dann... — —
              Ich werde dann so gegen Viertel nach zwölf... — —
              Spätestens um halb eins möchte ich ... — —
              Dann schaffe ich es hoffentlich bis halb eins ... — —
              Anschließend ... — —

Jetzt wiederholen wir nur den Anfang, und *Sie* können eine neue Variante ausprobieren.

Helmut: *Da mußt du dich aber ganz schön 'ranhalten, also da gibt's nämlich 'ne Menge zu sehen, da gibt's sehr viele Geschäfte und oft gibt's so irgendwelche Leute, die da musizieren oder was machen.*
Sie:...

Kapitel 3, Gespräch 2

Hören Sie bitte dem zweiten Gespräch mindestens zweimal zu. Dann schreiben Sie Teil A und Teil B in ihrem Buch. Sie dürfen dabei das Tonband mehrmals abspielen. Die Übung 1 zu Teil C ist auf dem Tonband.

Renate: Du, das Büro finde ich unmöglich, wie es jetzt so ist.
Martin: Was, was meinst du?
Renate: Umräumen! Alles umräumen!

Martin:	Oh, Gott. Wie denn? Was denn?
Renate:	Also, guck mal. Mir geht's darum, daß ich am Schreibtisch mehr Licht hab!
Martin:	Das geht aber doch nicht anders.
Renate:	Doch doch. Wie wäre es, wenn ich den Tisch am Fenster hätte?
Martin:	Na ja aber hmmmm, neben dem Fenster. Aber hast du daran gedacht, daß wir dann beide den Rücken zur Tür haben?
Renate:	Wie willst du denn das anders machen?
Martin:	Hmmm. Ich hab's. Wir stellen unsere Tische in der Mitte zusammen, so vis à vis.
Renate:	Also das klappt nun sicher nicht. Kannst du denn so arbeiten?
Martin:	Was sollen wir denn sonst machen?
Renate:	Also hör mal. Wenn ich meinen Tisch links neben die Tür stelle, so daß ich direkt zur Tür hinschau. Das klingt doch gut, huh?
Martin:	Ja, wenn ich es mir so überlege, na gut. Das ist nicht schlecht. Dann kann ich auch am Fenster sitzen.
Renate:	Ja, aber trotzdem weiter nach links. Sonst gibt's immer noch nicht genug Platz.
Martin:	Ach, ja, wenn du unbedingt willst. Dann machen wir es halt.

Schreiben Sie jetzt Teil A und Teil B.

Teil C. Was kann man noch sagen?

Übung 1.
Hören Sie jetzt wieder einen kurzen Ausschnitt aus dem Gespräch. Wie lehnt Martin Renates Vorschlag ab? Wie sagt er ihr, daß ihre Idee ihm nicht paßt? Danach wiederholen Sie die drei Varianten.

Renate:	*Also guck mal. Mir geht's darum, daß ich am Schreibtisch mehr Licht hab.*
Martin:	*Das geht aber doch nicht anders.*
	Das klappt nun sicher nicht. — —
	Was sollen wir denn sonst machen? — —
	Wie willst du denn das anders machen? — —

Jetzt wiederholen wir nur den Anfang, und *Sie* können nun eine andere Variante ausprobieren.

Renate:	*Also guck mal. Mir geht's darum, daß ich am Schreibtisch mehr Licht hab.*
Sie:	...

x **Übung 2.** (Supplementary Exercise)
Nun hören Sie einen weiteren Ausschnitt aus dem Gespräch. Wie kann man ausdrücken, daß man unentschlossen ist (daß man mit dem Plan nicht richtig einverstanden ist, aber trotzdem weitermachen will)? Danach hören Sie drei weitere Redewendungen, die man an dieser Stelle sagen kann. Wiederholen Sie jede neue Redewendung.

Renate:	*Also hör mal. Wenn ich meinen Tisch links neben die Tür stelle, so daß ich direkt zur Tür hinschau. Das klingt doch gut, huh?*
Martin:	*Ja, wenn ich es mir so überlege, na gut. Das ist nicht schlecht. Dann kann ich auch am Fenster sitzen.*
	Dann machen wir es halt. — —
	Wenn du unbedingt willst. — —
	Eigentlich ist es mir egal. — —

Jetzt wiederholen wir nur den Anfang, und *Sie* können mit einer der neuen Redewendungen antworten.

Renate: *Also hör mal. Wenn ich meinen Tisch links neben die Tür stelle, so daß ich direkt zur Tür hinschau. Das klingt doch gut, huh?*

Sie:...

Kapitel 3, Gespräch 3

Hören Sie bitte dem dritten Gespräch mindestens zweimal zu. Dann schreiben Sie Teil A und Teil B in Ihrem Buch. Sie dürfen dabei das Tonband mehrmals abspielen. Die Übung 1 zu Teil C ist auf dem Tonband.

Renate: Oh hallo Martin. Gut, daß ich dich treffe. Du mußt unbedingt mit Helga und mir heute nachmittag am... an den Wannsee segeln kommen.

Martin: Na, also, ihr zwei habt immer nur Freizeit im Kopf. Na, ich glaube das wird nichts heute nachmittag. Einerseits würde ich gern mitgehen, ganz besonders natürlich mit euch beiden, aber andererseits habe ich doch hier jetzt hmmm, ein Projekt am Laufen, und das muß ich heute nachmittag durchziehen. Erstensmal äh das heißt, ihr wißt ja, daß ich mich jetzt verbessern will, daß ich eine neue Stelle suche. Erstensmal muß ich hmm, mir Gedanken machen, wie ich mein... wie meine jetzige Tätigkeit aussieht, muß das niederschreiben. Zum zweiten hab' ich schon einen tabellarischen Lebenslauf geschrieben. Den muß ich umschreiben in eine sachlich berichtende Form. Und zum dritten muß ich mir dann noch 'ne alte, noch 'ne gute Schreibmaschine ausleihen, denn meine alte, die ist doch nicht mehr das Wahre.

Helga: Ach schade. Denk doch mal an das Wetter, wie schön das draußen ist. Vielleicht geht's dir dann leichter von der Hand, hinterher.

Martin: Das ist zwar alles schön und gut aber, mein Plan, der steht halt nun mal fest für heute nachmittag.

Schreiben Sie jetzt Teil A und Teil B.

Teil C. Was kann man noch sagen?

Übung 1.

Hören Sie jetzt wieder einen kurzen Ausschnitt aus dem Gespräch. Wie strukturiert Martin seine Antwort? Danach hören Sie zwei weitere Redewendungen, die man an dieser Stelle sagen kann. Wiederholen Sie jede neue Redewendung in einem gegebenen Kontext.

Martin: *Na, also, ihr zwei habt immer nur Freizeit im Kopf. Na, ich glaube das wird nichts heute nachmittag. Einerseits würde ich gern mitgehen, ganz besonders natürlich mit euch beiden, aber andererseits habe ich doch hier jetzt hmmmm, ein Projekt am Laufen...*

Auf der einen Seite würde ich gern mitgehen, auf der anderen Seite habe ich doch hier ein Projekt am Laufen. — —

Zwar würde ich gern mitgehen, aber ich habe doch ein Projekt am Laufen. — —

Jetzt wiederholen wir den Anfang, und *Sie* können nun mit einer neuen Redewendung die Antwort zu Ende führen.

Martin: *Na, also ihr zwei habt immer nur Freizeit im Kopf. Na, ich glaube das wird nichts heute nachmittag.*

Sie:...

26   Instructor's Manual

Übung 2. (Supplementary Exercise)
Nun hören Sie einen weiteren Ausschnitt aus dem Gespräch. Wie zählt Martin verschiedene Punkte auf? Danach hören Sie zwei weitere Redewendungen, die man an dieser Stelle sagen kann. Wiederholen Sie den Satz mit diesen neuen Redewendungen.

Martin: *Erstensmal muß ich hmm, mir Gedanken machen, wie ich mein...wie meine jetzige Tätigkeit aussieht, muß das niederschreiben. Zum zweiten hab' ich schon einen tabellarischen Lebenslauf geschrieben. Den muß ich umschreiben in eine sachlich berichtende Form.*

Erstens muß ich mir Gedanken machen, wie ich meine jetzige Tätigkeit niederschreibe. Zweitens muß ich meinen Lebenslauf umschreiben. — —
Zuerst / Zunächst muß ich mir Gedanken machen, wie ich meine jetzige Tätigkeit niederschreibe. Dann / Danach muß ich meinen Lebenslauf umschreiben. — —

KAPITEL 4: Gefühle ausdrücken und darauf reagieren

KAPITEL 4, GESPRÄCHE 1-3

Hören Sie sich bitte die ersten drei Gespräche (1-3) auf dem Tonband an. Sie können sie mehrmals abspielen und gleichzeitig die Übungen zu Teil A und B im Buch schreiben. Danach machen Sie die Übung 1 zu Teil C auf dem Tonband.

Kapitel 4, Gespräch 1

Renate: Guck mal. Mensch. Die Telefonrechnung liegt immer noch da.
Helga: Also so was. Da könnte ich mich auch darüber ärgern.
Renate: Ja, wirklich! Da könnte ich mich so darüber aufregen. Was denkt sich denn der Thomas?
Helga: Und immer ist es Thomas. Ich habe ihm das schon mal gesagt.
Renate: Ja, so ein Typ. Ich habe meinen Teil schon bezahlt. Du doch auch, oder?
Helga: Na klar. Ich hab gleich am Anfang bezahlt. So ein Mist. Jetzt wird's wieder nicht rechtzeitig bezahlt und immer nur wegen dem. Der ist vielleicht einer!
Renate: Ja, wirklich. Du das ist so'n Dussel und ich hab's dem extra noch gesagt, bevor ich heute wegging und jetzt ist der Kerle drei Wochen fort. Oder?
Helga: Ja, Mensch. Drei Wochen.

Kapitel 4, Gespräch 2

Martin: Stell dir vor, was heute passiert ist. Ich habe endlich meine Wohnung gefunden.
Renate: Prima, Mensch, Klasse! Das freut mich aber. Und du suchst doch schon so lange, nicht wahr?
Martin: Ja, und es ist exakt das, was ich brauche.
Renate: Mensch, sagenhaft! Und liegt's auch zentral?
Martin: Ja, denk dir nur, in der Schillerstrasse, also fünf Minuten von der Uni.
Renate: Mensch, das ist ja unglaublich. Wie hast du denn das bloß gefunden?
Martin: Ja, durch Zufall. Der Freund meiner Schwester ist gerade da ausgezogen.
Renate: Du bist ja ein Glückspilz! Wie schön für dich!

Kapitel 4, Gespräch 3

Martin: Nanu. Wer ist denn das? Das darf doch nicht war sein!
Helga: Ja, Mensch na sowas. Du bist's, Martin. Gut, dich wiederzusehen.
Martin: Arbeitest du denn auch hier?
Helga: Ja, du etwa auch? Unglaublich.
Martin: Ich bin hier schon seit drei Jahren fest angestellt.
Helga: Ja. Seit drei Jahren. Das ist nicht zu fassen! Mein erster Tag ist heute, und da treffe ich dich. Mein Gott, ist die Welt klein.

Schreiben Sie jetzt Teil A und Teil B.

Teil C. Was kann man noch sagen?

Übung 1.
Hören Sie jetzt wieder den Anfang vom Gespräch 1. Wer ist böse? Wie zeigen die Frauen einander, daß sie sich beide über Thomas ärgern? Wiederholen Sie die vier Varianten.

Renate: *Guck mal. Mensch. Die Telefonrechnung liegt immer noch da.*
Helga: *Also so was. Da könnte ich mich auch darüber ärgern.*
Renate: *Ja, wirklich! Da könnte ich mich so darüber aufregen. Was denkt sich denn der Thomas?*

    So ein Mist! – –
    Der ist vielleicht einer! – –
    Das ist so ein Dussel. – –
    Ich habe es ihm extra noch gesagt. – –

Jetzt wiederholen wir nur den Anfang, und *Sie* können eine der neuen Varianten ausprobieren.

Renate: *Guck mal. Mensch. Die Telefonrechnung liegt immer noch da.*
Sie:...

Übung 2. (Supplementary Exercise)
Nun hören Sie einen kurzen Ausschnitt aus dem zweiten Gespräch. Renate will Martin zu seiner neuen Wohnung gratulieren. Wie hören wir, daß Renate sich darüber freut? Wiederholen Sie die drei Varianten.

Martin: *Stell dir vor, was heute passiert ist. Ich habe endlich meine Wohnung gefunden.*
Renate: *Prima, Mensch, Klasse! Das freut mich aber. Und du suchst doch schon so lange, nicht wahr?*

    Sagenhaft! – –
    Das ist ja unglaublich. – –
    Wie schön! – –

Jetzt wiederholen wir nur den Anfang, und *Sie* können eine neue Variante ausprobieren.

Martin: *Stell dir vor, was heute passiert ist. Ich habe endlich meine Wohnung gefunden.*
Sie:...

Übung 3. (Supplementary Exercise)
Nun hören Sie einen kurzen Ausschnitt aus dem dritten Gespräch. Wie klingt es, wenn beide Sprecher überrascht sind? Achten Sie auf den Rhythmus und auf den Ton. Wiederholen Sie dann die vier Varianten.

Martin: *Nanu. Wer ist denn das? Das darf doch nicht wahr sein!*
Helga: *Ja, Mensch na sowas. Du bist's Martin. Gut, dich wiederzusehen.*

    Unglaublich! – –
    Das ist nicht zu fassen! – –
    Ach du meine Güte! – –
    Da bin ich baff. – –

Jetzt wiederholen wir nur den Anfang, und *Sie* können eine der neuen Varianten ausprobieren.

Martin: *Nanu. Wer ist denn das? Das darf doch nicht wahr sein!*
Sie:...

Kapitel 4, Gespräch 4

Hören Sie sich bitte das vierte Gespräch mindestens zweimal an. Dann schreiben Sie Teil A und Teil B in Ihrem Buch. Sie dürfen dabei das Tonband mehrmals abspielen. Danach machen Sie Teil C auf dem Tonband.

Kimmerle: Oh guten Tag, Frau Kunold.
Kunold: Oh Frau Kimmerle, Sie sehen ja so betrübt aus.
Kimmerle: Ja. Wissen Sie, wir können jetzt doch nicht in die Alpen fahren. Die ganzen Ferien sind versaut.
Kunold: Oh Sie Ärmste. Schade. Was ist denn passiert?
Kimmerle: Ach, wissen Sie, unser Kleiner, der liegt mit 'nem Fieber im Bett.
Kunold: Ach das tut mir leid. Was hat der denn?
Kimmerle: Oh er hat sich 'ne Grippe geholt.
Kunold: Ach der Arme. Der hat sich so drauf gefreut, nicht wahr?
Kimmerle: Ja, und dann... dann hatten wir auch für dieses teure Geld diese Schihütte gemietet.
Kunold: Ach Mensch, das ist aber schlimm. Meinen Sie, Sie kriegen das Geld zurück?
Kimmerle: Jetzt noch? Bestimmt nicht. Ich hab' noch nicht angerufen.
Kunold: Na ja. Die Hauptsache ist ja auch, daß der Junge erstmal wieder gesund wird.
Kimmerle: Ja, sag' ich mir schließlich auch. Vielleicht fahren wir später.
Kunold: Ja, das wäre 'ne gute Idee. Auf jeden Fall wünsche ich dem Jungen alles Gute und Ihnen auch.
Kimmerle: Vielen Dank. Wiedersehen.
Kunold: Wiedersehen.

Schreiben Sie Teil A und Teil B.

Teil C. Was kann man noch sagen?

Hören Sie jetzt einen Ausschnitt aus dem vierten Gespräch. Wer ist enttäuscht? Wie zeigt Frau Kunold ihrer Freundin ihr Mitleid? Wiederholen Sie dann die drei Varianten.

Kimmerle: *Ja, und dann... dann hatten wir auch für dieses teure Geld diese Schihütte gemietet.*
Kunold: *Ach Mensch, das ist aber schlimm. Meinen Sie, Sie kriegen das Geld zurück?*
Kimmerle: *Jetzt noch? Bestimmt nicht. Ich hab' noch nicht angerufen.*
Kunold: *Naja. Die Hauptsache ist ja auch, daß der Junge erstmal wieder gesund wird.*

　　　　　Sie Ärmste! — —
　　　　　Ach das tut mir aber leid — —
　　　　　Auf jeden Fall wünsche ich Ihnen alles Gute. — —

Jetzt wiederholen wir nur diesen Ausschnitt, und *Sie* können eine der neuen Varianten ausprobieren.

Kimmerle: *Ja, und dann... dann hatten wir auch für dieses teure Geld diese Schihütte gemietet.*
Kunold: *Ach Mensch, das ist aber schlimm. Meinen Sie, Sie kriegen das Geld zurück?*
Kimmerle: *Jetzt noch? Bestimmt nicht. Ich hab' noch nicht angerufen.*
Sie:...

KAPITEL 5: Geschichten erzählen, Geschichten hören

KAPITEL 5, GESPRÄCHE 1-3.

Hören Sie sich bitte die drei Geschichten auf dem Tonband an. Sie können sie mehrmals abspielen und gleichzeitig die Übungen zu Teil A und Teil B im Buch schreiben. Danach machen Sie die Übung 1 zu Teil C auf dem Tonband.

Kapitel 5, Gespräch 1

Martin: Ich glaube, das habe ich dir noch gar nicht erzählt. Letzten September ist mir doch so was Blödes passiert. Da bin ich doch tatsächlich am Steuer von meinem Wagen eingeschlafen – auf der Autobahn war das.

Helga: Was? Wirklich? Erzähl mal...

Martin: Um von vorne zu beginnen – ich war auf einem Ferienkurs, und wie du dir vorstellen kannst, geht's ja immer ganz schön heiß her (Helga: hm). Also vormittags harte theoretische Arbeit in den Übungsgruppen – und nachmittags Wandern in der Umgebung – es war also in Österreich – und abends dann in der Dorfdisco bis frühmorgens.

Helga: Ah ja! Ich kann mir schon vorstellen!

Martin: Auf jeden Fall zum Schlafen blieb da ja nicht viel Zeit dann (Helga: hm) da – da –

Helga: und das Ganze, wie lang wart ihr da zusammen mit der Gruppe?

Martin: Ja, das war also dann zwei Wochen und das hat ganz schön – das so – an die Kräfte dann gezehrt. Auf der Heimfahrt hab' ich dann noch so einen Bekannten mitgenommen, und insgesamt haben wir wohl so sechs Stunden zu fahren gehabt.

Helga: Hm, also ihr wart zusammen zu zweit im Auto.

Martin: Ja, zu zweit nur. Die ersten drei Stunden hatten wir uns auch dann mit Unterhaltungen weitestgehend fit gehalten und dann haben wir sogar 'ne halbe Stunde Mittagspause gemacht. Mein Bekannter ist dann, als wir weitergefahren sind, schon ziemlich fest eingeschlafen, und ich merkte auch, daß ich ganz schön müde wurde.

Helga: Oh, das kann ich mir vorstellen. Das ist ein Gefühl, wenn man am Steuer sitzt...

Martin: Hm, und da habe ich dann auch sogar einen Parkplatz vor mir gesehen, so 'nen kleinen Parkplatz ohne Café und so weiter, nur so zum Halten, und den wollt' ich eigentlich auch ansteuern; das hätte ich auch wohl besser getan, dann. Aber dann sah ich: FÜNF KILOMETER AUTOBAHNRASTSTÄTTE, also

Helga: Ah ja! das ist verlockend, da gibt's Kaffee...

Martin: Ja, genau, so 'ne große Raststätte (Helga: ja) da bin dann auch am kleinen Parkplatz dann vorbeigefahren, und das Nächste, an das ich mich dann erinnern konnte, war, daß ich neben der Autobahn hergefahren bin auf dem Grünstreifen.

Helga: Oh mein Gott! meine Güte! Da unten bist du lang gefahren?

Martin: Es war nicht da unten, sondern es war daneben – es war mehr so 'ne Wiese neben der Autobahn und ich kann wirklich sagen, daß ich Glück gehabt hab, daß da keine, daß da keine, gerad keine Betonmauer war (Helga: hm, hm). Ich hab's tatsächlich noch geschafft, das Auto zurückzubringen. Und dabei habe ich dann ein – zwar ein Schild umgefahren – und zwar war es eben gerade das – das ist das Komische dabei! – das 300 Meter Entfernungsschild zur Ausfahrt zur Raststätte!

Helga: Wars wirklich? So kurz vorher?

Martin: Ja, ja.

Helga: Und was ist passiert noch? Am Wagen? An Euch?

Martin: Am Auto war nicht viel kaputt, nur die Stoßstange und die Benzinleitung – und bei uns ist also gar nichts passiert, also außer dem ziemlichen Schreck natürlich. Aber wenn man bedenkt, was passiert – was passieren hätte können, wenn man – wenn ich jetzt auf die andere Fahrspur gekommen wäre... (Helga: Au!) und mit den anderen Autos zusammengekracht wäre...

Helga: Darfst du dir gar nicht ausmalen, was hätte passieren können!

Martin: Das ist wirklich noch mal ganz gut ausgegangen. Normalerweise, denkt man, das kann einem nie passieren, aber dann wenn's drauf ankommt (Helga: ja), da hat man wahrscheinlich nicht mehr die Beobachtungsgabe, um zu sagen: „Jetzt bin ich nicht mehr fahrtüchtig."

Helga: Meine Güte! Ist ja noch mal gut ausgegangen!

Kapitel 5, Gespräch 2

Helga: Du, Martin, da muß ich dir auch – erinnere ich mich an eine Geschichte, die muß ich dir auch unbedingt noch schnell erzählen. Das war so vor ein paar Jahren im Sommer, als ich noch mit meiner Freundin zusammenwohnte. Und der Tag, der war wie jeder andere. Und wir hatten gearbeitet, und waren ziemlich müde, sind früh ins Bett gegangen. Aber nachts, da passierte es dann. Da erinnere ich mich genau. Das war ein ganz schreckliches Erlebnis...

Martin: Was? Was ist denn da passiert?

Helga: Ja, ich wachte auf – wir hatten schon länger geschlafen – und mit so 'nem unguten Gefühl und ich dachte erst, ich hätte nur schlecht geträumt. Und plötzlich war ich dann aber hellwach und ging – es ging alles so schnell – ich hörte draußen viele Stimmen.

Martin: Woran bist du aufgewacht eigentlich?

Helga: Ich weiß nicht genau, ob es jetzt dieses ungute Gefühl war; auf jeden Fall ging ich zum Fenster hin und guckte raus und ich dachte: ich sehe nicht richtig! Ich trau' meinen Augen nicht! Ich konnte den anderen Teil von unserem Haus sehen, durch... über den Innenhof hinweg und dann sah ich nur riesige Stichflammen und der Himmel war hell erleuchtet und...

Martin: War das bei Euch im Haus?

Helga: Ja, wir hatten eben – ich hatte das Gefühl: meine Güte! das Haus brennt! Weil das so ein Rundbau war, konnte ich das sehen. Und dann, ich war einen Augenblick wie gelähmt, und meine Freundin kam gleich rübergelaufen, und rief: „Laß uns was tun, wir müssen hier raus!" Und dann sind wir nur so schnell gerannt wie wir konnten, die Treppen runter, im Pyjama, an nichts gedacht (Martin: hm, hm), kannst du dir vorstellen, so eine Hektik – Panik im Nacken und dann nichts wie runter! und unten sahen wir dann – ganz – mußt du dir vorstellen – also eine ganz andere Situation, ganz viele Menschen zusammen, alle ziemlich aufgeregt, redeten durcheinander und erzählten sich und wir mischten uns gleich dann da drunter und wollten auch erfahren, was los war, was passiert war und da haben wir zum Glück dann erfahren – stell dir vor – also es war nicht bei uns im Haus, aber nebenan, in dem Gaswerk!

Martin: Da habt ihr aber ganz schönes Glück gehabt!

Helga: Da haben wir wirklich Glück gehabt! Da waren wir so erleichtert, in Sekundenschnelle da hat sich das Gefühl gewandelt. Aber dieser Schrecken, der saß uns noch die ganze Nacht im Nacken.

Martin: Aber diese Nacht, da konntet ihr wahrscheinlich nicht mehr schlafen.

Helga: Nein, wir haben nur zusammen gesessen und geredet und mit den Leuten – also Nachbarn, die wir auch vorher gar nicht so richtig kannten – zusammen gestanden.

Martin: Ja, das war eine schöne Gelegenheit mal.

Helga: Ja, auf die Art und Weise haben wir uns dann mal länger gesprochen. Aber, es war wirklich eine schreckliche Nacht, aber im ganzen gesehen, war es Glück im Unglück, kann man sagen.
Martin: Hm hm.

Kapitel 5, Gespräch 3

Kind: Erzähl mir doch mal eine Geschichte!
Vater: Na gut. Es war also einmal ein kleiner Junge, der ging an einem schönen Sommernachmittag mit seiner Mutter im Wald spazieren. Nun kamen sie an eine Lichtung, auf der die Sonne schien, und da fühlte sich die Mutter plötzlich müde und sie wollte sich ausruhen. Auf einmal hörte der Junge ein Rascheln im Gebüsch.
Kind: Was war das?
Vater: Es war ein Igel.
Kind: Ein Igel?
Vater: Ja, du weißt doch, das runde kleine Tier mit den vielen Stacheln.
Kind: Ach so, ein Igel!
Vater: Ja, und der Junge lief dann also dem Igel hinterher, bis er zu einem Bach kam. Und im Bach sah er einen Fisch. Da lief er eine ganz Weile den Bach entlang bis zu einer Brücke, wo ein Reiter stand.
Kind: War der Reiter auf seinem Pferd?
Vater: Ja, der Reiter saß ganz ruhig auf seinem Pferd und schaute in die Ferne. Da ging der Junge auf die Brücke und lief ganz vorsichtig um das Pferd herum.
Kind: Durfte er denn mitreiten?
Vater: Der Reiter guckte ihn an und ritt langsam weg. Der Junge lief ihm hinterher, bis er ihn aus den Augen verlor. Und dann kam er an eine große Straße. Auf der Straße fuhren viele Lastwagen. Der Junge hockte am Straßenrand, bis ein Lastwagen hielt, und der Fahrer fragte ihn, ob er mitfahren wollte. Der Junge freute sich riesig.
Kind: Hatte er keine Angst?
Vater: Nein! Er war ganz stolz darauf, neben dem Fahrer sitzen zu dürfen, und das Radio einzustellen.
Kind: Und dann?
Vater: Dann fuhr der Junge mit bis ans Meer – und am Meer hat er sich wieder an seine Mutter erinnert.
Kind: Und?
Vater: Ja, und dann ist er schnell nach Hause gegangen, und die Mutter hat sich gefreut, ihren Jungen wiederzusehen... Und wenn sie nicht gestorben sind, so leben sie noch heute.

Schreiben Sie jetzt Teil A und Teil B.

Teil C. Was kann man noch sagen?

Übung 1.
Hören Sie jetzt (drei) Ausschnitte aus den Gesprächen und notieren Sie mit welchen Mitteln der Erzähler die Geschichte beginnt.

Martin: *Ich glaube, das habe ich dir noch gar nicht erzählt. Letzten September ist mir doch so was Blödes passiert. Da bin ich doch tatsächlich am Steuer von meinem Wagen eingeschlafen – auf der Autobahn war das.*

Helga: *Du Martin, da muß ich dir auch – erinnere ich mich an eine Geschichte, die muß ich dir auch unbedingt noch schnell erzählen. Das was so vor ein paar Jahren im Sommer, als ich noch mit meiner Freundin zusammen wohnte.*

Kind: *Erzähl mir doch mal eine Geschichte!*
Vater: *Na gut. Es war also einmal ein kleiner Junge, der ging an einem schönen Sommernachmittag mir seiner Mutter im Wald spazieren.*

Wiederholen Sie jetzt die zwei Varianten. Danach fangen *Sie* die Geschichte mit einer der Varianten an.

Ja, also es ist mir neulich etwas Komisches passiert. – –
Vor vielen Jahren. – –

Jetzt sind Sie dran.

Kind: *Erzähl' mir doch mal eine Geschichte!*
Sie...

Übung 2. (Supplementary Exercise)
Hören Sie jetzt (drei) Ausschnitte aus den Gesprächen und notieren Sie, wie der Erzähler seine/ihre Geschichte strukturiert und das Interesse des Zuhörers sichern will.

Martin: *Um von vorne zu beginnen – ich war auf einem Ferienkurs, und wie du dir vorstellen kannst, geht's ja immer ganz schön heiß her.*

Helga: *Und der Tag, der war wie jeder andere. Und wir hatten gearbeitet, und waren ziemlich müde, sind früh ins Bett gegangen. Aber nachts, da passierte es dann. Da erinnere ich mich genau. Das war ein ganz schreckliches Erlebnis.*

Jörg: *Nun kamen sie an eine Lichtung, auf der die Sonne schien, und da fühlte sich die Mutter plötzlich müde und sie wollte sich ausruhen. Auf einmal hörte der Junge ein Rascheln im Gebüsch.*

Wiederholen Sie jetzt die zwei Varianten.

Stell dir vor... – –
Auf jeden Fall ... – –

Erzählen Sie jetzt weiter. *Sie* können eine der Varianten ausprobieren.

Helga: *und waren ziemlich müde, sind früh ins Bett gegangen.*
Sie:...
Jörg: *und da fühlte sich die Mutter plötzlich müde und sie wollte sich ausruhen.*
Sie:...

Übung 3. (Supplementary Exercise)
Hören Sie jetzt (sechs) Ausschnitte aus den Gesprächen und notieren Sie, wie der Zuhörer dem Erzähler hilft.

Martin: *und abends dann in der Dorfdisco bis frühmorgens.*
Helga: *Ah ja! Ich kann mir schon vorstellen.*

Martin: *Auf der Heimfahrt hab' ich dann noch so einen Bekannten mitgenommen, und insgesamt haben wir wohl so sechs Stunden zu fahren gehabt.*
Helga: *Hm, also ihr wart zusammen zu zweit im Auto.*

Helga: *Oh mein Gott! meine Güte! Da unten bist du lang gefahren?*
Martin: *Es war nicht da unten, sondern es war daneben.*

Helga: *Und plötzlich war ich dann aber hellwach und ging – es ging alles so schnell – ich hörte viele Stimmen.*
Martin: *Woran bist du aufgewacht eigentlich?*

Helga: *Stell dir vor - also es war nicht bei uns im Haus, aber nebenan, in dem Gaswerk!*
Martin: *Da habt ihr aber ganz schönes Glück gehabt!*
Helga: *Da haben wir wirklich Glück gehabt!*

Jörg: *Der Junge freute sich riesig.*
Helga: *Hatte er keine Angst?*
Jörg: *Nein! Er war ganz stolz darauf, neben dem Fahrer sitzen zu dürfen, und das Radio einzustellen.*
Helga: *Und dann?*

Wiederholen Sie jetzt die drei Varianten.

> Was ist denn da passiert? — —
> Da konntet ihr wahrscheinlich nicht mehr schlafen. — —
> Was? Wirklich? — —

Jetzt spielen Sie den Zuhörer und helfen Sie dem Erzähler, seine Geschichte fortzusetzen. *Sie können eine der Varianten ausprobieren.*

Martin: *und abends dann in der Dorfdisco bis frühmorgens.*
Sie:...

Martin: *Auf der Heimfahrt hab' ich dann noch so einen Bekannten mitgenommen, und insgesamt haben wir wohl so sechs Stunden zu fahren gehabt.*
Sie:...

Helga: *Stell dir vor also es war nicht bei uns im Haus, aber nebenan, in dem Gaswerk!*
Sie...

Übung 4. (Supplementary Exercise)
Hören Sie jetzt Ausschnitte aus den Gesprächen und notieren Sie, wie der Erzähler seine/ihre Geschichte beendet.

Helga: *Darfst du dir gar nicht ausmalen, was hätte passieren können!*
Martin: *Das ist wirklich noch mal ganz gut ausgegangen.*

Helga: *Es war wirklich eine schreckliche Nacht, aber im ganzen gesehen, war es Glück im Unglück, kann man sagen.*

Jörg: *Ja, und dann ist er schnell nach Hause gegangen, und die Mutter hat sich gefreut, ihren Jungen wiederzusehen ... Und wenn sie nicht gestorben sind, so leben sie noch heute.*

Wiederholen Sie jetzt eine Variante.

> Das tue ich nie wieder, das kann ich dir sagen! — —

Nun erzählen Sie die Geschichte zu Ende. *Sie können eine der Varianten ausprobieren.*

Jörg: *Ja, und dann ist er schnell nach Hause gegangen, und die Mutter hat sich gefreut, ihren Jungen wiederzusehen*
Sie:...

Helga: *Es war wirklich eine schreckliche Nacht...*
Sie...

Transcript of Tape

KAPITEL 6: Rat holen und Rat geben

Kapitel 6, Gespräch 1

Jörg: Rauchst du?
Helga: Nein, danke.
Jörg: Wenn du nichts dagegen hast, rauche ich noch eine. Das ist heute lediglich meine fünfte Zigarette. Ich halte mich wirklich in Grenzen heute.
Helga: Na gut, wenn das sein muß. Du sagst, deine fünfte Zigarette? Hast du denn schon immer soviel geraucht?
Jörg: Du, früher rauchte ich zwei Packen am Tag.
Helga: Oh je, also da rate ich dir aber mal wirklich das etwas einzuschränken.
Jörg: Also ich finde, jeder sollte sich um seine eigenen Angelegenheiten kümmern. Ja. Ich schreibe dir ja auch nicht vor, wieviel Sport du treiben sollst.
Helga: Das stimmt, aber ich denke, beim Rauchen ist das etwas anderes. Weil ich doch jetzt, wenn ich mit dir hier zusammen sitze, mitrauchen muß.
Jörg: Wie doch, es geht doch einfach nicht an, daß Leute sich gegenseitig vorschreiben, wie sie sich verhalten sollen, was für ihre Gesundheit gut ist.
Helga: Da hast du recht, aber ich will dir doch nur mal so einen Rat geben, wie du das versuchen könntest. Hast du es überhaupt schon mal versucht?
Jörg: Das klingt zwar alles ganz gut, versuchen, gut für deine Gesundheit, aber ich finde, es ist meine eigene Angelegenheit.
Helga: Gut. Wir wollen uns jetzt nicht darüber streiten, aber hmmm, du könntest es ja mal versuchen. Ich glaube, es ist einfacher, ganz aufzuhören mit dem Rauchen als nur so zwei, drei am Tag.
Jörg: Ich glaube, du verstehst mich wirklich nicht richtig. Das ist eine ganz persönliche Entscheidung, ob man raucht oder nicht raucht, und ich finde nicht, daß du mir da reinreden solltest.
Helga: Gut, wenn du gar keinen Rat von mir annehmen willst, dann kann ich dir da wirklich nichts dazu sagen.
Jörg: Auf der Ebene können wir uns gerne einigen.

Schreiben Sie jetzt Teil A und Teil B.

Teil C. Was kann man noch sagen?

Übung 1.
Hören Sie jetzt einen Ausschnitt aus dem ersten Gespräch. Was sagt Helga, wenn sie Jörg einen Rat geben will? Wiederholen Sie danach die drei Varianten.

Jörg: *Du, früher rauchte ich zwei Packen am Tag.*
Helga: *Oh je, also da rate ich dir aber mal wirklich, das etwas einzuschränken.*

    An deiner Stelle würde ich — —
    Ist es nicht besser, wenn — —
    Du solltest — —

Jetzt wiederholen wir nur den Satz von Jörg, und *Sie* können eine der neuen Varianten ausprobieren.

Jörg: *Du, früher rauchte ich zwei Packen am Tag.*
Sie:...

Übung 2. (Supplementary Exercise)
Nun hören Sie wieder einen kurzen Ausschnitt aus dem ersten Gespräch. Jörg ist nicht mit Helgas Ratschlägen einverstanden. Wie erklärt er, daß er nicht bereit ist, ihren Rat anzunehmen? Wiederholen Sie danach die drei Varianten.

Helga: *Das stimmt, aber ich denke, beim Rauchen ist das etwas anderes. Weil ich doch jetzt, wenn ich mit dir hier zusammen sitze, mitrauchen muß.*

Jörg: *Wie doch, es geht doch einfach nicht an, daß Leute sich gegenseitig vorschreiben, wie sie sich verhalten sollen, was für ihre Gesundheit gut ist.*

Ich finde nicht, daß du mir da reinreden solltest. — —
Was mich daran stört ist ... — —
Das ist alles schön und gut, aber ... — —

Jetzt wiederholen wir nur den Satz von Helga, und *Sie* können eine neue Variante ausprobieren.

Helga: *Das stimmt, aber ich denke, beim Rauchen ist das etwas anderes. Weil ich doch jetzt, wenn ich mit dir hier zusammen sitze, mitrauchen muß.*
Sie:...

Kapitel 6, Gespräch 2

Renate: Ich weiß nicht, was ich machen soll. Ich bin immer so müde.
Helga: Renate, schläfst du denn genug? Bei mir ist es so, ich muß nach der Arbeit immer irgendetwas machen, zum Beispiel schwimmen gehen oder laufen.
Renate: Ja, das ist sicher gut. Und schlafen könnte ich auch mehr.
Helga: Wieviel schläfst du denn jede Nacht? Also ich brauche immer so acht bis neun Stunden.
Renate: Weißt du, eigentlich nur sechs bis sieben. Aber was kann ich machen?
Helga: Ja, du unternimmst einfach zuviel.
Renate: Ja, du hast recht. Aber ich gehe heute abend zum Beispiel mit Freunden in die Stadt und dann wird's wieder spät. Wäre es vielleicht besser, da 'nein' zu sagen?
Helga: Ja, das mußt du entscheiden, ob du da nein sagst oder ob du mitgehst, aber es kommt eben auch darauf an, daß du etwas Sport außerhalb deiner Arbeit machst. Ich meine, ein Fachmann bin ich da nicht, aber so gegen Mittag zum Beispiel bin ich auch oft ziemlich träge. Ich esse gerne warm mittags und...
Renate: Ja, da hast du es. Was soll ich denn zu Mittag essen bloß?
Helga: Ja, also ich esse abends dann nicht mehr warm. Also ich esse abends nur einen Salat oder etwas... etwas Kleines.
Renate: Ja, eigentlich esse ich sowas ja gerne. Aber es macht halt nur viel Arbeit.
Helga: Ach, es ist gar nicht so viel Arbeit. Man muß sich das nur etwas angewöhnen und du merkst dann, daß es dir gut tut.
Renate: Kann ich mir schon vorstellen. Ich probier's mal.

Schreiben Sie jetzt Teil A und Teil B.

Teil C. Was kann man noch sagen?

Übung 1.
Hören Sie jetzt einen Ausschnitt aus dem zweiten Gespräch. Renate bespricht ihre Probleme mit Helga und bittet sie um Rat. Wie drückt sie sich aus?

Helga: *Ja, du unternimmst einfach zuviel.*
Renate: *Ja, du hast recht. Aber ich gehe heute abend zum Beispiel mit Freunden in die Stadt und dann wird's wieder spät. Wäre es vielleicht besser, da 'nein' zu sagen?*

Wiederholen Sie bitte die folgenden drei Varianten.

> Ich weiß nicht, was ich machen soll. — —
> Was mache ich da am besten? — —
> Was rätst du mir? — —

Jetzt wiederholen wir nur den Anfang von Renates Satz, und *Sie* können mit einer der neuen Varianten um Rat fragen.

Renate: *Ja, du hast recht. Aber ich gehe heute abend zum Beispiel mit Freunden in die Stadt und dann wird's wieder spät.*

Sie:...

Übung 2. (Supplementary Exercise)
Nun hören Sie wieder einen kurzen Ausschnitt aus dem zweiten Gespräch. Wie drückt Renate aus, daß sie Helgas Ratschläge gut findet und annehmen möchte? Wiederholen Sie danach die vier Varianten.

Helga: *Ach, es ist gar nicht so viel Arbeit. Man muß sich das nur etwas angewöhnen und du merkst dann, daß es dir gut tut.*
Renate: *Kann ich mir schon vorstellen. Ich probier's mal.*

> Ein guter Rat. Ich versuch's. — —
> Das ist *die* Idee! — —
> Du hast sicher recht. — —

Jetzt wiederholen wir nur Helgas Satz, und Sie können mit einer der neuen Varianten den Rat annehmen.

Helga: *Ach, es ist gar nicht so viel Arbeit. Man muß sich das nur etwas angewöhnen und du merkst dann, daß es dir gut tut.*

Sie:...

KAPITEL 7: Verlangen und sich beschweren

KAPITEL 7, GESPRÄCHE 1-2

Kapitel 7, Gespräch 1

Kunde:	Guten Morgen.
Verkäuferin:	Guten Morgen.
Kunde:	Ich hätte gern eine *Frankfurter Rundschau*.
Verkäuferin:	Ja, bitte schön. Und sonst noch was?
Kunde:	Äh, ein Päckchen Zigaretten, bitte. Camel.
Verkäuferin:	Mit oder ohne Filter?
Kunde:	Wenn Sie mir bitte mit Filter geben könnten.
Verkäuferin:	Ja, ich muß mal eben schauen. Ja, hier sind sie. Bitte schön. Gibt's sonst noch was?
Kunde:	Nein, das wär's danke. Was macht das bitte?
Verkäuferin:	Also zusammen sind das drei Mark sechzig.
Kunde:	Hier sind fünf Mark. Ich brauch zwei Fünfziger. Wenn Sie mir bitte das richtige Wechselgeld rausgeben könnten?
Verkäuferin:	Gut, gebe ich Ihnen Kleingeld.
Kunde:	Vielen Dank.
Verkäuferin:	Bitte schön. Wiedersehen.
Kunde:	Wiedersehen.

Kapitel 7, Gespräch 2

Kellner:	So, was darf ich denn heute den Damen bringen?
Renate:	Also, ich hätte gern ein Kännchen Kaffee.
Kellner:	Und Sie auch?
Helga:	Nein, also ich trinke lieber Tee. Ich hätte gern einen Tee mit Zitrone.
Kellner:	Bitte schön. Haben Sie sich schon Ihren Kuchen ausgesucht?
Helga:	Ich möchte gern ein Stück Nußtorte.
Kellner:	Leider haben wir keine mehr da. Es gibt aber Käsekuchen und Erdbeertorte.
Helga:	Ach, das ist aber schade. Naja, dann bringen Sie mir ein Stück Käsekuchen.
Renate:	Also, ich nehme die Erdbeertorte. Ein Stück bitte.
Kellner:	Mit Sahne?
Renate:	Ach ja, ja bitte. Und dann könnten Sir mir bitte noch ein Mineralwasser bringen?
Kellner:	Wollen Sie es mit oder ohne Kohlensäure?
Renate:	Also ich glaub, ja, ohne Kohlensäure.
Kellner:	Bitte schön, die Damen.

Schreiben Sie jetzt Teil A und Teil B.

Teil C. Was kann man noch sagen?

Übung 1.
Hören Sie jetzt einen Ausschnitt aus den zwei Gesprächen. Wie sagt der Kunde oder die Kundin, was er oder sie haben will? Wiederholen Sie die drei Varianten.

Kunde:	*Guten Morgen.*
Verkäuferin:	*Guten Morgen.*
Kunde:	*Ich hätte gern eine Frankfurter Rundschau.*

Renate: *Also, ich nehme die Erdbeertorte. Ein Stück bitte.*
Kellner: *Mit Sahne?*
Renate: *Ach ja, ja bitte. Und dann könnten Sie mir bitte noch ein Mineralwasser bringen?*

    Bringen Sie mir bitte — —
    Wenn Sie mir eine gute Zigarre geben könnten. — —
    Das wäre es. — —

Jetzt wiederholen wir nur den zweiten Ausschnitt, und *Sie* können eine der neuen Varianten ausprobieren.

Renate: *Also, ich nehme die Erdbeertorte. Ein Stück bitte.*
Kellner: *Mit Sahne?*
Renate: *Ach ja, ja bitte.*
Sie: ...

Übung 2. (Supplementary Exercise)
Nun hören Sie einen kurzen Ausschnitt aus dem zweiten Gespräch. Achten Sie dabei auf den Kellner. Wie reagiert er auf die Bestellung von der einen Dame? Wiederholen Sie die zwei Varianten.

Helga: *Ich möchte gern ein Stück Nußtorte.*
Kellner: *Leider haben wir keine mehr da.*

    Bitte schön. — —
    Sonst noch was? — —

Jetzt wiederholen wir die Bestellung der Dame, und Sie können als Kellner mit einer der neuen Varianten darauf reagieren. Achten Sie darauf, wie eine Variante das Gespräch eventuell ändern kann.

Helga: *Ich möchte gern ein Stück Nußtorte.*

Übung 3. (Supplementary Exercise)
Nun hören Sie wieder den Anfang des zweiten Gesprächs und Sie können darauf achten, wie der Kellner eine Bestellung aufnimmt. Wiederholen Sie die sieben Varianten.

Kellner: *So, was darf ich denn heute den Damen bringen?*
Renate: *Also, ich hätte gern ein Kännchen Kaffee.*

    Was darf es sein? — —
    Was wünschen Sie? — —
    Sie möchten? / Sie wünschen? — —
    So, bitte schön? — —
    Bekommen Sie schon? — —
    Haben Sie sich schon ... ausgesucht? — —
    Der (Die) nächste bitte? — —

„Der nächste bitte" sagt man wenn die Kunden Schlange stehen, wie zum Beispiel am Schalter in der Bank, im Reisebüro oder am Schnellimbiß.

Kapitel 7, Gespräch 3

Helga: Renate, wie sieht's bei dir eigentlich heute aus nach der Arbeit? Hast du was vor?
Renate: Ah, eigentlich nicht. Aber ich muß noch bis um halb fünf im Krankenhaus arbeiten.
Helga: Ja gut, aber danach? Könnten wir dann vielleicht zusammen in die Stadt gehen, vielleicht 'nen Einkaufsbummel machen?
Renate: Das klingt eigentlich gut. Ich war schon lange nicht mehr in der Stadt.

Helga:	Oh, ja toll. Dann gehen wir zusammen in die Stadt und anschließend, wenn du Lust hast, könnten wir noch ins Kino gehen. Ich lade dich dazu ein.
Renate:	Hör mal, Helga, das ist alles toll, aber die Einladung ist doch nicht nötig. Ich zahle für mich selber.
Helga:	Ja, ich weiß, aber diesmal ist was Besonderes. Ich möchte dich einladen.

Schreiben Sie jetzt Teil A und Teil B.

Teil C. Was kann man noch sagen?

Übung 1.
Hören Sie jetzt einen Ausschnitt aus dem dritten Gespräch. Wie spricht Helga ihre Einladung aus? Muß sie wörtlich sagen, daß es sich um eine Einladung handelt? Wiederholen Sie die drei Varianten.

Renate:	*Das klingt eigentlich gut. Ich war schon lange nicht mehr in der Stadt.*
Helga:	*Oh, ja toll. Dann gehen wir zusammen in die Stadt und anschließend, wenn du Lust hast, könnten wir noch ins Kino gehen. Ich lade dich dazu ein.*
	Du bist herzlich eingeladen. — —
	Du bist (heute) mein Gast. — —
	Das geht heute auf meine Kosten. — —

Übung 2. (Supplementary Exercise)
Nun hören Sie im gleichen Gespräch, wie Renate auf die Einladung reagiert. Sie findet den Plan gut, aber sie möchte die Einladung ablehnen. Wiederholen Sie die acht Varianten.

Helga:	*Ich lade dich dazu ein.*
Renate:	*Hör mal, Helga, das ist alles toll, aber die Einladung ist doch nicht nötig. Ich zahle für mich selber.*
	Das klingt gut. — —
	Ja, gerne! — —
	Wie nett von dir! — —
	Ich bedanke mich. — —
	Vielen Dank für die Einladung, aber ... — —
	Es tut mir furchtbar leid. — —
	Das wäre schon schön, aber leider ... — —
	Ein anderes Mal vielleicht. — —

Jetzt wiederholen wir den Ausschnitt, und *Sie* können mit einer der neuen Varianten auf die Einladung reagieren.

Helga:	*Ich lade dich dazu ein.*
Sie:	...

Kapitel 7, Gespräch 4

Helga:	Hallo Jörg.
Jörg:	Tag Helga.
Helga:	He, sag mal, wo bleibt denn mein Fahrrad?
Jörg:	Du ich muß dir gestehen, im Trubel heute habe ich das schlicht vergessen.
Helga:	Äh, das finde ich aber wirklich nicht gut. Du hast doch gesagt, du brauchst es nur für einen Tag.
Jörg:	Das ist zwar richtig, aber es kann ja schon mal passieren, nicht?
Helga:	Das stimmt, aber ich brauch das unbedingt heute nachmittag.

Jörg: Also, es tut mir furchtbar leid und ich bitte dich formal um Entschuldigung. Morgen mittag um zwölf Uhr steht's vor deiner Haustür.
Helga: O.K. ist ja gut, aber kannst du es mir wirklich dann vorbeibringen?
Jörg: Ich versprech's.

Schreiben Sie jetzt Teil A und Teil B.

Teil C. Was kann man noch sagen?

Übung 1.
Hören Sie jetzt einen Ausschnitt aus dem vierten Gespräch. Wie beschwert sich Helga über die Situation? Wie gibt sie Jörg zu verstehen, daß er etwas macht, was ihr nicht gefällt? Wiederholen Sie die drei Varianten.

Helga: *He, sag mal, wo bleibt denn mein Fahrrad?*
Jörg: *Du ich muß dir gestehen, im ganzen Trubel heute habe ich das schlicht vergessen.*
Helga: *Äh, das finde ich aber wirklich nicht gut.*

    Entschuldige bitte, aber ... – –
    Es geht einfach nicht, daß ... – –
    Das gibt's doch gar nicht, daß ... – –

Jetzt wiederholen wir nur den Anfang des Ausschnittes, und *Sie* können eine der neuen Varianten ausprobieren.

Helga: *He, sag mal, wo bleibt denn mein Fahrrad?*
Jörg: *Du ich muß dir gestehen, im ganzen Trubel heute habe in das schlicht vergessen.*
Sie:...

Übung 2. (Supplementary Exercise)
In diesem Gespräch entsteht ein Konflikt, indem Jörg zugibt, daß er etwas gemacht hat, und Helga beschwert sich. Wie kann sich Jörg entschuldigen? Wie könnte er vielleicht anders reagieren? Hören Sie jetzt einen Ausschnitt aus dem vierten Gespräch und dann wiederholen Sie die neun Varianten.

Helga: *Das stimmt, aber ich brauch das unbedingt heute nachmittag.*
Jörg: *Also, es tut mir furchtbar leid und ich bitte dich formal um Entschuldigung.*

    Da hast du (vollkommen) recht. – –
    Pardon, du mußt verstehen, ... – –
    Bedauere, aber ... – –
    Du, ich muß dir gestehen, ... – –
    Das kann schon mal passieren, nicht? – –
    Das kommt schon mal vor. – –
    Ich kann leider nichts dafür. – –
    Was soll ich sagen? – –
    Nun das geht zu weit! – –

Jetzt wiederholen wir nur den Anfang, und *Sie* können mit einer der neuen Varianten darauf reagieren.

Helga: *Das stimmt, aber ich brauch das unbedingt heute nachmittag.*
Sie:...

KAPITEL 8: Meinungen äußern, auf Meinungen reagieren

Kapitel 8, Gespräch 1

Jörg: Helga, du, ich hab' unheimlichen Hunger. Sollen wir nicht schnell zum McDonalds gehen und 'nen Hamburger essen?

Helga: Was hast du denn für einen Vorschlag parat? Also, McDonalds, das finde ich überhaupt nicht gut.

Jörg: Also, ich will jetzt hier nicht 'ne prinzipielle Diskussion haben, einfach 'nen schnellen Hamburger!

Helga: Also, ich habe auch Hunger, du, aber ich würde doch vorschlagen, wir gucken--wir gucken nach 'ner Pizza oder so was. Also, diese McDonalds finde ich grundsätzlich nicht gut. Die Atmosphäre gefällt mir da nicht. Da vergeht mir der Hunger, wenn ich da sitze.

Jörg: Also, ich finde, die haben einen vorzüglichen Geschmack, das ist vorzügliches Fleisch, das da verwendet wird.

Helga: Geschmack nennst du das? Also ich finde, die haben so einen Einheitsgeschmack; wenn man da—gut, man kann da einmal hingehen, wenn man nicht viel Zeit hat, aber wir haben doch jetzt etwas Zeit, wir könnten doch nach 'ner Pizza gucken.

Jörg: Aber ich bin nicht dazu aufgelegt, jetzt im Restaurant zu sitzen—mich hinzusetzen—bei McDonalds kannst du einfach reingehen, dir genau bestellen, was du haben möchtest, mit den entsprechenden Zutaten, und dir selbst dein Essen kochen sozusagen.

Helga: Oh, dein Essen kochen! Also ich habe diesen Geschmack—ich habe das einmal probiert, und finde so diese Atmosphäre so rastlos, also ich kann mich da nicht gemütlich hinsetzen und essen und…Ich muß sagen, diesen Hamburger, den ich da gegessen hab'…Vielleicht hatte ich Pech, ich weiß es nicht, aber ich bin eigentlich grundsätzlich gegen dieses schnelle Essen, schnell was reinschieben, und dann wieder raus und dann weiter zur Arbeit.

Jörg: Unser Kino fängt jetzt in zehn Minuten an und wir haben wirklich nicht viel Zeit und eine Pizza würde mindestens zwanzig Minuten dauern. Und ich finde, ein Schnellimbiß ist dafür eine ideale Lösung.

Helga: Das stimmt. Also, das einzige, was mir da schmeckt, sind die Pommes, die esse ich da schon manchmal.

Jörg: Na gut, vielleicht können wir uns darauf einlassen, daß ich einen Hamburger esse, und du ißt Pommes Frites.

Helga: Na gut, für heute können wir das machen, aber normalerweise…Bist du denn so dafür? Gehst du oft zu dem McDonalds?

Schreiben Sie jetzt Teil A und Teil B.

Teil C: Was kann man noch sagen?

Hören Sie jetzt zwei Ausschnitte aus dem ersten Gespräch. Wie signalisieren die Sprecher, daß sie ihre Meinung geben wollen? Wiederholen Sie die zwei Varianten.

Jörg: *Helga, du, ich hab' unheimlichen Hunger. Sollen wir nicht schnell zum McDonalds gehen und 'nen Hamburger essen?*

Helga: *Was hast du denn für einen Vorschlag parat? Also, McDonalds, das finde ich überhaupt nicht gut.*

Helga: *(…) Die Atmosphäre gefällt mir da nicht. Da vergeht mir der Hunger, wenn ich da sitzte.*

Jörg: *Also, ich finde, die haben einen vorzüglichen Geschmack, das ist vorzügliches Fleisch...*
Meiner Meinung nach ist... – –
Ich bin der Meinung, daß ... – –

Jetzt wiederholen wir den Anfang des ersten Ausschnittes, und *Sie* können mit einer der neuen Varianten Ihre Meinung ausdrücken.

Jörg: *Helga, du, ich hab' unheimlichen Hunger. Sollen wir nicht schnell zum McDonalds gehen und 'nen Hamburger essen?*
Helga: *Was hast du denn für einen Vorschlag parat?*
Sie: ...

Kapitel 8, Gespräch 2

Helga: Also Jörg, ich bin jetzt gerade erst ein paar Monate hier in Amerika und – ich bin jetzt von Deutschland hier rübergekommen; mir fällt zwar auf, daß hier so die Eßgewohnheiten ganz anders sind als bei uns zu Hause, aber ich muß sagen, mir fällt es gar nicht so schwer, mich daran zu gewöhnen.
Jörg: Ja, es hat ja auch viele Vorteile, nicht? Ein kurzes Mittagessen mit Salaten und...
Helga: Also wenn man – ja – wenn man was vorhat – also ich bin auch oft tagsüber unterwegs, dann esse ich schnell 'ne Kleinigkeit, gerade wie mein Hunger so ist, und muß nicht groß zu Hause jetzt ein Essen vorbereiten, was kochen.
Jörg: Das einzige, was mich wirklich stört, ist, daß Leute sich nicht auf das Essen konzentrieren, sondern beim Mittagessen entweder über Arbeit reden, oder am Abend vor der Glotze sitzen.
Helga: Ja, das ist aber so ähnlich halt doch wie in Deutschland. Also abends vor der Glotze sitzen, wenn ich das mal...
Jörg: Also, bei uns hat's das überhaupt nicht gegeben.
Helga: Nein? Ach das kenn' ich auch. (lacht)
Jörg: Nein, das Abendessen war immer zum Familiengespräch gedacht.
Helga: Ach, so meinst du...
Jörg: Und da wurden Erfahrungen des Tages ausgetauscht und...
Helga: Du meinst, das Abendessen – das stimmt.
Jörg: Das Fernsehen mußte absolut aus sein.
Helga: Ja, das stimmt, während des Abendessens, da war das Fernsehen also eigentlich fast immer aus. Aber eben hinterher konnte man Fernsehen gucken. Aber das Abendessen selber – das finde ich auch wichtig, daß man da eben dann mehr Zeit hat, auch miteinander zu reden, oder vom Tag, was gewesen ist, in der Familie sich auszutauschen. Das finde ich schon gut, daß man mittags nicht viel Zeit hat, und daß man dann von der Arbeit redet, das ist selbstverständlich.
Jörg: Meiner Meinung nach ist das größte Problem mit amerikanischen Eßgewohnheiten, daß die Abendessen viel zu schwer sind und man gewöhnlich nach dem Essen so müde ist, daß abends überhaupt nichts mehr läuft, und man nicht mehr ins Kino will und nicht mehr arbeiten will...
Helga: Ja dieses Trägheitsgefühl!
Jörg: ...und man nur noch ins Bett will.
Helga: Das finde ich auch schrecklich diese – daß man so träge ist und sich so passiv fühlt, das mag ich nicht. Aber ich versuche dann schon, abends nicht so viel zu essen...

Schreiben Sie jetzt Teil A und Teil B.

Teil C. Was kann man noch sagen?

Hören Sie jetzt einen Ausschnitt aus dem zweiten Gespräch. Wie reagiert Helga auf Jörgs Meinungsaussage? Wiederholen Sie die zwei Varianten.

Jörg: *Das Fernsehen mußte absolut aus sein.*
Helga: *Ja, das stimmt, während des Abendessens, da war das Fernsehen also eigentlich fast immer aus.*

Genau. — —
Du hast vollkommen Recht. — —

Helga stimmt mit Jörg nicht immer überein. Beim ersten Gespräch haben wir schon gehört, wie sie Jörgs Meinung bestreiten will. Hören Sie sich diesen Auschnitt aus dem ersten Gespräch noch einmal an. Wiederholen Sie die zwei Varianten, mit denen man eine gegenteilige und eine neutrale Meinung erklären kann.

Jörg: *Also, ich finde, die haben einen vorzüglichen Geschmack, das ist vorzügliches Fleisch, das da verwendet wird.*
Helga: *Geschmack nennst du das? Also ich finde, die haben so einen Einheitsgeschmack.*

Das sehe ich ganz anders. — —
Es kommt darauf an. — —

Jetzt wiederholen wir den Ausschnitt, und *Sie* können mit einer der neuen Varianten positiv, negativ oder neutral darauf reagieren.

Jörg: *Also, ich finde, die haben einen vorzüglichen Geschmack, das ist vorzügliches Fleisch ...*
Sie: ...

Kapitel 8, Gespräch 3

Jörg: Als ich kürzlich in der Mensa war, fiel mir auf, wie unterschiedlich die Eßgwohnheiten hier und in der Bundesrepublik sind.
Helga: Ja? Woran ist dir das so klar geworden? Also ich...
Jörg: Du, wenn ich an mein eigenes Elternhaus denke, da gab es doch überhaupt nicht die Möglichkeit, am Tisch mit dem Stuhl zu schaukeln, oder die Ellbogen auf der Tischkante zu haben, zu schmatzen und zu rülpsen, da hätte der Vater, der wär' aus allen Wolken gefallen.
Helga: Ja, das stimmt, wenn ich so daran denke, wie wir früher in der Familie so sitzen mußten am Tisch, und so, wenn ich an die Sprüche denke, die ich so im Hinterkopf habe: „Sitz gerade!" „Sprich nicht mit vollem Mund" und ja...
Jörg: Und „Nicht aufstehen, bevor alle fertig sind mit dem Essen!"
Helga: Ja, wir mußten auch alle zusammen sitzen und am Schluß also, wenn ein – mein Bruder aufstehen wollte, es war auch – sahen meine Eltern nicht so gern.
Jörg: Und vor allem auch nicht mit dem Essen zu beginnen, bevor die Mutter nicht am Tisch saß (Helga: ja) und selbst anfing zu essen.
Helga: Wir fingen auch gemeinsam an. Das stimmt. Ist dir das so, jetzt als Gegensatz aufgefallen, ja die Studenten, ich meine, die sind ja auch älter. Als Kind wird man da, glaube ich, – verhält man sich da immer etwas anders in der Familie...
Jörg: Und auch wenn man in der Familie eingeladen ist, es geht wesentlich informeller zu, die Hierarchien sind wesentlich unklarer: es beginnt nicht der Herr des Hauses mit dem Gespräch, oder die Mutter fragt nicht, wie gut das Essen sei, sondern man unterhält sich über den Tag, Land und Leute.
Helga: Ja, das stimmt, ja und man fängt einfach an zu essen, man wartet nicht darauf zum Beispiel „Guten Appetit".

Jörg: Vor allem sagt keiner „Guten Appetit".

Helga: Ja, das stimmt, das war mir fremd am Anfang, hier einfach so drauf loszulegen, mit dem Essen. Aber so mit den Kindern, also denkst du denn hier in der Familie – ich war noch nicht so viel in Familien – daß...

Jorg: Das geht auch viel lockerer zu. Wenn die Kinder eine besondere Serie im Fernsehen sehen möchten, die stehen mitten im Essen auf und laufen ins Fernsehzimmer. Das ist gar nichts besonderes. Das hätt' es bei uns zu Hause unter keinen Umständen gegeben.

Helga: Ah, das wäre auch für mich undenkbar früher. Also, wir waren fünf Kinder zu Hause und Fernsehen – wir hatten zwar später einen Fernseher aber der – es wurde hinterher Fernsehen geguckt, aber während des Abendessens gab's kein Fernsehen nebenbei – da hätten wir überhaupt nicht uns unterhalten können.

Jörg: Ich erinnere mich noch, als wir bei meinen Großeltern zu Besuch waren, da durfte während des Essens überhaupt nicht gesprochen werden! Weil das – so hieß es – ungesund sei.

Helga: Oh, das muß aber sehr streng gewesen sein! Was war denn das für 'ne Atmosphäre am Tisch? Das stelle ich mir... Als Kind muß das sehr...

Jörg: Kann mich kaum noch entsinnen, aber ich fand das immer sehr aufgesetzt und... Da es bei uns zu Hause etwas liberaler im Vergleich zuging, konnte ich das nie akzeptieren, war immer froh, wenn ich aus dem Haus rauskam, oder dort nicht essen mußte.

Helga: Wenn du dort nicht essen mußtest. Ja, das – also ich denke mir, ich würde für meine Kinder, wenn ich das... eigentlich so ein Mittelding zwischen dieser lockeren Art, die es hier gibt und so ein bißchen einen Rahmen – also ich würde zum Beispiel das Fernsehen nicht erlauben, beim Fern – ah beim Abendessen. Das finde ich nicht sehr schön. Ich finde schön, wenn die Familie oder diejenigen, die zusammen sitzen am Tisch, sich unterhalten können, aber auch so, daß die Kinder sich wohl fühlen dabei und nicht so ganz streng sich an irgendwelche Sprüche halten.

Jörg: Ich finde das weniger autoritär zwischen Eltern und Kindern, als das in Deutschland der Fall ist.

Helga: Ja, dieses Anti-autoritäre, ja...

Jörg: Ich glaube nicht, daß es anti-autoritär ist, sondern einfach informeller ist. Diese Autoritätsverhältnisse sind bei weitem nicht so klar definiert.

Helga: Ja ich meine jetzt, ich würde so für meine Kinder...

Jörg: Es gibt nicht das Phänomen des „Herrn im Hause".

Schreiben Sie jetzt Teil A und Teil B.

Teil C. Was kann man noch sagen?

Hören Sie jetzt drei Ausschnitte aus dem dritten Gespräch. Manchmal stellt Helga eine Informationsfrage und erwartet, daß Jörg seine Meinung vertritt.

Jörg: *Als ich kürzlich in der Mensa war, fiel mir auf, wie unterschiedlich die Eßgewohnheiten hier und in der Bundesrepublik sind.*

Helga: *Ja? Woran ist dir das so klar geworden?*

Helga stellt auch mal eine 'ja/nein' Frage, und Jörg reagiert wieder mit seiner Meinung.

Helga: *Wir fingen auch gemeinsam an. Das stimmt. Ist dir das so, jetzt als Gegensatz aufgefallen, ja die Studenten, ich meine, die sind ja auch älter. Als Kind wird man da, glaube ich, – verhält man sich da immer etwas anders in der Familie.*

Jörg: *und auch wenn man in der Familie eingeladen ist, es geht wesentlich informeller zu, die Hierarchien sind wesentlich unklarer.*

Hören Sie jetzt einen dritten Ausschnitt, in dem Helga ausdrücklich nach Jörgs Meinung fragt. Wiederholen *Sie* danach die zwei Varianten.

Helga: *Ja, das stimmt, das war mir fremd am Anfang, hier einfach so drauf loszulegen, mit dem Essen. Aber so mit den Kindern, also denkst du denn hier in der Familie — ich war noch nicht so viel in Familien — daß...*
Jörg: *Das geht auch viel lockerer zu.*

Ist das hier anders? — —
Was ist denn deine Meinung? — —

Jetzt wiederholen wir nur den dritten Ausschnitt, und *Sie* können mit einer der neuen Varianten nach Jörgs Meinung fragen.

Helga: *Ja, das stimmt, das war mir fremd am Anfang, hier einfach so drauf loszulegen, mit dem Essen. Aber so mit den Kindern.*
Sie...

KAPITEL 9: Themen einführen, Gespräche steuern

Kapitel 9, Gespräch 1

Renate: Also, Helga weißt du, jetzt hab' ich schließlich doch geheiratet, ich glaub's ja selber noch nicht – auf mein Alter hab' ich doch noch geheiratet, obwohl ich mein ganzes Leben gesagt habe: also so spießig werd' ich nie!

Helga: Ja, Renate genau das interessiert mich mal, warum. Früher hast du gesagt, ach wir heiraten nicht, und jetzt kommst du dazu. Habt ihr doch euch entschlossen, zu heiraten?

Renate: Weißt du – eigentlich – ich muß ja sagen, der Paul hat mich ein bißchen gedrängt, weißt du, der ist so ein bißchen bürgerlicher, und der hat so diesen Familienhintergrund, der möcht' halt seiner Mama gefallen. Aber schließlich finde ich es jetzt auch ganz toll, weil du kannst immer wie die anderen sagen – you know – „jetzt geh ich heim zu meinem Mann."

Helga: Ja aber, guck' mal, wenn das der einzige Unterschied ist, daß du so nach außen hin sagen kannst: „Ach, das ist mein Mann", oder eben, daß du durch deinen Mann irgendwie vielleicht zu einer Gruppe dazu gehörst, nur weil es dein Mann...

Renate: Wie sagst denn du – wie sagst 'n du zum Beispiel bei Leuten, die du nicht kennst, wenn du – wenn du über deinen Freund oder Liebhaber sprichst?

Helga: Ja, inzwischen sag' ich auch manchmal „mein Mann", obwohl das nicht stimmt in Wirklichkeit. Weil man eben hier... Man braucht nicht so viel erklären. Manche fragen dann eben mehr nach: „Ach wie lebt ihr zusammen?" und das ist sehr umständlich, das stimmt schon. Aber oft sage ich einfach nur den Namen: „Karl-Heinz".

Renate: Ach so, guck mal, wenn du Karl-Heinz sagst, das könnte wirklich dein Hund sein.

Helga: Ach nein! (lacht)

Renate: Im Prinzip gebe ich dir ja recht; ich mein' – es hat sich heraugestellt, daß solche Sachen, die sind mehr äußerlich...

Helga: Ja, genau, aber gerade diese Äußerlichkeiten! Da frage ich mich, was heißt das so für dich: Liebe, Treue, Zusammenleben, ob man wirklich zusammenleben will äh – ich glaube auch, daß man dann ohne Trauschein, ohne Ehe zusammenbleibt!

Renate: Du, das kann vielleicht sein. Das war bei mir auch so, obwohl nee – ohne Trauschein, da habe ich immer so das Gefühl gehabt, ich muß noch immer so'n Hintertürchen offen lassen, hab' so Alternativen gewälzt. Da fühl ich mich jetzt schon gebundener. Und das klingt wirklich sehr – sehr – äh – kitschig und so. Ich glaube eben, daß – daß wir nicht nur unsere Regeln von uns heraus machen, völlig frei und so, sondern ich glaub', es gibt eben so gesellschaftliche Rituale, die helfen dir, um so dein Leben zusammenzuhalten.

Helga: Ja, gut! Ja, das verstehe ich mit der Hilfe, daß man vielleicht nach außen hin genau so dasteht, wie die anderen, und das ist für einen vielleicht einfacher. Aber ich denke so, äh, was manche eben auch machen: Ehe auf Probe und so, zusammenleben und mal gucken wie das klappt; wenn man sich noch nicht solange kennt, dann kann ich mir das vorstellen, aber wir kennen uns inzwischen auch lange genug, daß ich genau weiß – ich meine, zu wissen – daß es für mich das Gleiche ist.

Schreiben Sie jetzt Teil A und Teil B.

Transcript of Tape

Teil C. Was kann man noch sagen?

Übung 1.
Hören Sie jetzt wieder zwei Ausschnitte aus dem ersten Gespräch. Wie führt Helga das Thema ein, über das sie reden möchte? Wiederholen Sie die zwei Varianten.

Renate: *(...) auf mein Alter hab' ich doch noch geheiratet, obwohl ich mein ganzes Leben gesagt habe: also so spießig werd ich nie!*

Helga: *Ja, Renate, genau das interessiert mich mal, warum. Früher hast du gesagt, ach wir heiraten nicht, und jetzt kommst du dazu. Habt ihr doch euch entschlossen, zu heiraten?*

Renate: *(...) Aber schließlich finde ich es jetzt auch ganz toll, weil du kannst immer wie die anderen sagen — you know — „jetzt geh ich heim zu meinem Mann."*

Helga: *Ja aber, guck' mal, wenn das der einzige Unterschied ist, daß du so nach außen hin sagen kannst: „Ach, das ist mein Mann", oder eben, daß du durch deinen Mann irgendwie vielleicht zu einer Gruppe dazu gehörst, nur weil es dein Mann...*

Mir ist aufgefallen, daß... — —
Das zum Beispiel mit dem... — —

Jetzt wiederholen wir nur den Anfang des zweiten Ausschnittes, und *Sie* können das neue Thema mit einer der neuen Varianten einführen.

Renate: *(...) Aber schließlich finde ich es jetzt auch ganz toll' weil du kannst immer wie die anderen sagen — you know — „jetzt geh ich heim zu meinem Mann."* — —

Sie: ...

Kapitel 9, Gespräch 2

Jörg: Helga, wie paßt denn dieses Jahr in den Vereinigten Staaten in deine Zukunftspläne? Was hast du denn vor?

Helga: Also, meine Zukunftspläne: ich fühl' mich im Moment noch so jung, daß ich sagen kann, dieses Jahr ist für mich so 'ne gute Chance, so andere Erfahrungen mal zu machen. Ich habe also zu Hause gearbeitet, bin Krankengymnastin, habe im Beruf gearbeitet, einige Jahre, und bin jetzt froh, mal so aus diesem traditionellen Bild — was so viele eben, die in meiner Altersstufe sind, auch machen — die arbeiten, und kommen eben da nicht mehr so raus. Und da bin ich ganz froh, daß ich so die Chance habe, da raus aus meinem Beruf und mal ganz was anderes zu machen. Hm...

Jörg: War das denn nicht schwierig, deinen ganzen Freundeskreis hinter dir zu lassen?

Helga: Das stimmt, das ist schon nicht so einfach gewesen, aber für 'ne begrenzte Zeit ist das gar nicht ...

Jörg: Denn aus eigener Erfahrang weiß ich, daß es gar nicht so ohne weiteres und schmerzlos ging.

Helga: Das stimmt.

Jörg: Denn die ... Deutschland für zwei oder drei Jahre zu verlassen bedeutet eigentlich Brücken abzubrechen, und ich weiß jetzt noch nicht, ob ich in die Bundesrepublik zurück möcht' und dort arbeiten will ...

Helga: Hm, für einen längeren Zeitraum ist das schon schwierig, das glaube ich. Aber bei mir war es so, daß ich mit dem Karl-Heinz hier rüber gekommen bin und für uns auch feststand ein Jahr, oder vielleicht etwas länger, vielleicht auch zwei Jahre. Und für mich, es ist eben einfach dann noch zu zweit rüberzugehen. Einfacher als alleine. Ich weiß nicht, ob du alleine hier rüber gekommen bist?

Jörg: Nein, ich bin alleine gekommen.

Helga: Ja

Jörg: Möchtet ihr denn heiraten, wenn ihr zurückkommt (Helga: also ...) oder hatte die USA-Reise gar keinen Einfluß darauf?

Helga: Das ist auch 'ne gute Frage. Das zum—ja wir haben vorher überlegt zu heiraten, weil wir wußten, daß es sehr schwierig sein wird, hier rüber zu kommen ohne verheiratet zu sein. Aber wir haben äh—fühlen uns so wohl, sind glücklich, so zusammen zu sein und denken, es gibt im Moment keinen Grund zu heiraten. Auch für später, denken wir uns, daß das—wenn das so klappt wie bisher—daß wir so zusammenleben wollen.

Jörg: Ja, mir ist aufgefallen, daß ich selbst eine Verwandlung durchging, durch meinen Aufenthalt in den Vereinigten Staaten. Das ist für mich viel wichtiger geworden, ist Freunde zu haben und auch eine Freundin zu haben, der ich mich zugezogen fühle und mit der ich eine stabile Beziehung habe. Weil das Leben um so vieles schneller ist hier, und Leute ständig wegziehen. Und... ich eigentlich auch zu der Überzeugung gekommen bin, daß ich in meinem zukünftigen Leben gerne geographisch mobil sein möchte und in verschiedenen Berufen arbeiten möchte und vorankommen möchte.

Helga: Ja, das, zum Beispiel mit dem geographisch mobil, das muß ich sagen, hatte ich mir auch eben so—wünsche ich mir, daß ich da möglichst nicht so an einem Ort hänge—so wie ich viele von uns kenne, die gar nicht aus dem Ort, wo sie zur Schule gegangen sind—die leben da noch heute, und sind verheiratet mit Kindern und sagen, sie wären glücklich—ja sie sind auf ihre Art glücklich—aber ich kann es mir für mich eben nicht vorstellen. Und für uns beide war's 'ne gute Sache, hierher zu kommen für ein Jahr. Und ich fühle mich wohl dabei—also zu wissen, daß es noch so offen ist, daß ich nicht genau weiß, was auf mich zukommt...

Jörg: ...und wo du landen wirst...

Helga: und wo wir

Jörg: ...in der Welt

Helga: das stimmt, das ist so offen

Jörg: Möchtest du denn nach Deutschland zurück, oder kannst du dir auch vorstellen, in Australien oder Afrika oder in einem anderen Kontinent zu leben?

Helga: Also wenn—ja—das muß ich sagen, ich war einmal so drei Monate in Neuseeland, und da habe ich so auch die Erfahrung gemacht, daß die Welt irgendwie so klein geworden ist—für mich—und ich hatte damals auch die Idee, dort zu arbeiten. Das hab' ich aber dann wieder fallen gelassen. Und ich könnt' mir das jetzt vorstellen—also nun meinetwegen nach der Rei—nach dem Aufenthalt hier in Amerika, daß wir zurückgehen. Ich möchte auf jeden Fall zurück für—meine Freunde wiedersehen, meine Familie—für einige Wochen, aber ich muß mir... also ich kann es mir auch vorstellen, daß wir nicht dort bleiben, sondern daß wir vielleicht noch in ein anderes Land für längere Zeit ziehen.

Jörg: Ich hoffe eigentlich, daß ich meinen Beruf so mit meinem Leben vereinbaren kann, daß mein Beruf mich in verschiedene Erdteile bringt, und ich noch etwas von der Welt sehe. Allerdings entwickelt das das Problem, daß mein Lebenspartner sich meinen Plänen anpassen müßte, und das ist schwierig für meinen Partner natürlich.

Schreiben Sie jetzt Teil A und Teil B.

Teil C. Was kann man noch sagen?

Hören Sie jetzt einen Ausschnitt aus dem zweiten Gespräch. Wie unterbricht Jörg, um selbst das Wort zu ergreifen?

Jörg: *War das denn nicht schwierig, deinen ganzen Freundeskreis hinter dir zu lassen?*

Helga: *Das stimmt, das ist schon nicht so einfach gewesen, aber für 'ne begrenzte Zeit ist das gar nicht...*

Jörg: *Denn aus eigener Erfahrung weiß ich, daß es gar nicht so ohne weiteres und schmerzlos ging.*

Helga: *Das stimmt.*

Im ersten Gespräch unterbricht Helga Renates Aussage auch mit einer Paraphrase. Wir spielen den Ausschnitt noch einmal. Danach wiederholen Sie die drei Varianten.

Renate: *Im Prinzip gebe ich dir ja recht; ich mein' – es hat sich herausgestellt, daß solche Sachen, die sind mehr äußerlich...*
Helga: *Ja, genau, aber gerade diese Äußerlichkeiten! Da frage ich mich, was heißt das so für dich: Liebe, Treue, Zusammenleben, ob man wirklich zusammenleben will äh – ich glaube auch, daß man dann ohne Trauschein, ohne Ehe zusammenbleibt!*

Also, apropos (Kinder): – –
Das ist es ja gerade: – –
Dazu möchte ich etwas hinzufügen. – –

Jetzt wiederholen wir nur den Anfang des dritten Ausschnittes. *Sie* können mit einer der neuen Varianten Renate unterbrechen und das Wort ergreifen.

Renate: *Im Prinzip gebe ich dir ja recht; ich mein' – es hat sich herausgestellt, daß solche Sachen, die sind mehr äußerlich...*
Sie: ...

KAPITEL 10: Dafür und dagegen argumentieren

Kapitel 10, Gespräch 1

(Politische Rede:)
Meine sehr verehrten Damen und Herren!

Ein lächerliche kleine Minderheit in unserem Land protestiert immer lauter gegen den Bau von Kernkraftwerken. Diese kleine Minderheit verlangt unter anderem, daß wir weniger Auto fahren, daß wir in der Industrie und in den Familien Energie sparen, und daß der Staat die Erforschung der Sonnenenergie und die Entwicklung von Windkraftwerken unterstützt. Sie verlangt mit anderen Worten unser gutes Geld für total reaktionäre Projekte! Merken Sie denn gar nicht, was da passiert?

Jedes kleine Kind weiß, daß die Atomkraft sauberer, schneller, praktischer und leistungsfähiger ist als jede andere Energiequelle und daß sie unsere Bedürfnisse besser erfüllen kann. Jene kleine Minderheit hingegen verkennt aber unsere Bedürfnisse, verachtet unsere Ideale, zerschlägt unsere Hoffnung auf eine bessere Zukunft für uns und unsere Kinder. Sie will das wirtschaftliche Wachstum, den hohen Lebensstandard, auf den wir mit Recht so stolz sind, durch ihre kindische Ideologie zerstören und unser Land in ein Agrarland verwandeln! Und Sie alle schlafen!

Meine Damen und Herren: Nur die Kernenergie kann uns vom arabischen Erdöl unabhängig machen und unsere nationale Selbständigkeit sichern. Nur große, überall angelegte Kernkraftwerke können unsere Umwelt gegen Luftverpestung und gefährliche Abgase schützen. Nur die Atomkraft kann uns die Freiheit geben, uns in einer freien Gesellschaft frei zu entfalten.
(Beifall)

Gerade diese Selbständigkeit, diese reine Umwelt, diese Freiheit lehnt jene gefährliche Minderheit ab. Will denn niemand den Bundesbürger aufwecken? Jeder weiß, daß nur die Verbindung von technischem Wissen und politischer Weisheit den Frieden garantieren kann. Daher ist es höchst unlogisch, wenn jene radikale Minderheit behauptet, der Bau von Atomkraftwerken sei eine Gefahr für den Frieden. Ganz im Gegenteil: gerade jene radikale Minderheit ist es, die den Frieden im Lande bedroht. Wachen Sie auf! (Beifall)

Meine Damen und Herren! Die Energiequellen dieser Welt sind nicht unerschöpflich. Wenn wir nicht rechtzeitig für die Zukunft sorgen, wird die Zukunft uns in erschreckendem Maße einholen. Wir brauchen deshalb neue Kernkraftwerke auf deutschem Boden, und zwar je schneller desto besser.

Schreiben Sie jetzt Teil A und Teil B.

Kapitel 10, Gespräch 2

(Werbespots:)
SCHAUMA SCHAMPOO VON SCHWARZKOPF

Mutter: Was du? Du bist schon auf?
Tochter: Ach Mutti, heute ist doch Schulfest.
Mutter: Na Komm, da muß ich dir wohl helfen.
Tochter: Fein
Mutter: So... etwas SCHAUMA SCHAMPOO. Also du kannst sagen, was du willst, aber dein Haar fühlt sich viel kräftiger an. Es kommt eben doch darauf an, daß man das richtige Schampoo nimmt.
Mann: SCHAUMA SCHAMPOO reinigt nicht nur mild und gründlich, es pflegt das Haar bis in die Spitzen. SCHAUMA SCHAMPOO – VON SCHWARZKOPF!

IRISCHER FRÜHLING – NEUE SEIFE

Mann:	Hallo, ich hab' was Neues für dich! Es duftet herzhaft frisch!
Frau:	Wie eine irische Frühlingsbrise.
Mann:	Ja, IRISCHER FRÜHLING, die neue Seife!
Frau:	Mit dem neuen Duft?
Mann:	Ja! In diesen grünen und weißen Streifen steckt der neue, herzhafte Duft und Erfrischung für die Haut.
Frau:	Hm! wirklich! Herzhaft erfrischend wie eine irische Frühlingsbrise! IRISCHER FRÜHLING!
Mann:	Neue Form.
Frau:	und neuer Duft!

PANTASTISCHE PIZZA

Alle um einen Tisch: Pizza, Pizza, oder ich fall' um!

Chor:	PAN PAN PANTASTISCH
Mann:	Hm!
Frau:	Ah!
Frau:	Sie wollen auch eine Pizza? Bitte! Hier ist die echte, die preiswerte, die PANtastische Pizza!

DOMESTOS, DER SANITÄRREINIGER FÜR WC UND BAD

Mann: Do-mes-tos. Der Sanitärreiniger für WC und Bad. Domestos packt Schmutz, Bakterien und Geruch, selbsttätig, vollständig wie in diesem Test. Domestos hat konzentrierte, mitreißende Kraft. Schluß mit Schmutz, Bakterien und Geruch! Das ist hygienische Sauberkeit! Sie schützt die Gesundheit Ihrer Familie! Domestos macht Schluß mit Schmutz *und* Bakterien. Endgültig!

Schreiben Sie jetzt Teil A und Teil B.

Kapitel 10, Gespräch 3

Helga Kunold:	Guten Tag, Herr Baldauf; ich hab' gehört, 'ne Stelle ist frei als Schornsteinfegerin, und ich hätte gern – wollte mich vorstellen bei Ihnen.
Jörg Baldauf:	Ja, schönen guten Tag, Frau Kunold. Also, ich muß Ihnen gestehen, ich bin sehr überrascht, eine Frau hier zu sehen. Meine Sekretärin sagte mir gar nicht, daß wir igendwelche Damen (HK: ja) zu Vorstellungsgesprächen bitten würden.
Helga:	Hm, warum sind Sie so erstaunt, also. Ich kann das schon verstehen, es sind... es ist eigentlich von früher her ein Männerberuf, aber ich glaube schon, daß ich das genauso machen kann.
Jörg:	Aber entschuldigen Sie bitte, ich bin der festen Überzegung, daß ein – dieser ganze Dreck, mit dem ein Schornsteinfeger zu tun hat, nichts für eine Frau ist.
Helga:	Also ich muß Ihnen sagen: ich habe den Beruf gewählt, weil mein Vater in diesem Beruf war und ich habe eine ganze Menge gehört – früher – wie er das so... Er hat immer viel erzählt, wenn er von der Arbeit kam, und ich war so interessiert an diesem Beruf, das hat mir so gefallen, daß ich den Beruf gewählt habe.
Jörg:	Also Fräulein Kunold, ich zweifle ja nicht Ihre gute Motivationen, aber ich muß ihnen sagen, daß wir wirklich nach einem Mann suchen. Und überhaupt, wie soll ich das denn meinen...
Helga:	Also halten Sie sich nicht so daran auf, ob das jetzt ein Mann ist oder eine Frau. Also ich muß sagen, ich habe festgestellt, daß ich durch diese engen Schornsteine manchmal sehr gut – ich bin da sehr sportlich – und komme sehr gut durch und

	ich kann mir vorstellen, Männer sind teilweise so breit, haben so breite Schultern; schauen Sie mich an! also...
Jörg:	Aber es steht doch fest, daß Frauen nicht so stark sind wie Männer. Und ich bin der festen Überzeugung, daß Sie bei weitem nicht so viel leisten können wie ein gut gebauter Mann, der tagein tagaus mit der Leiter und dem ganzen Material durch die Straßen (HK: ja) ziehen kann.
Helga:	Entschuldigung, daß ich Sie da unterbreche, aber ich hab' das Gefühl daß ich genug Muskelkraft habe, um diesen Beruf auszuüben.
Jörg:	Auch wenn das so ist, so kann ich Sie einfach nicht auf die Kollegen loslassen. Was bedeutet das denn, wenn wir plötzlich eine Frau in einem reinen Männerkollegium haben?
Helga:	Ja, sehen Sie, das wär doch mal 'ne gute Abwechslung und...
Jörg:	Ach das geht doch nicht, es geht einfach nicht an, daß eine Frau in diesen reinen Männerkreis eintritt.
Helga:	Ah, da haben Sie aber sehr große Vorurteile! Also, ich würde sehr gerne eine – so eine Probezeit für ein paar Monate bei Ihnen mal machen. Sie werden feststellen, ich habe genug Intelligenz und Humor – so schätze ich mich jedenfalls ein – daß ich das – in Ihrem Kreis...
Jörg:	Was werden denn meine Kunden sagen? Ich bin sicher, daß sie völlig mißtrauisch einer Frau gegenüber sind, die einen reinen Männerberuf ausübt.
Helga:	Ja, wissen Sie, und ich habe aber auch noch einen anderen Vorteil, also ich bin unverheiratet und habe keine Kinder, keine Familie, die mich so bindet, ich bin ziemlich mobil. Sie können mich in verschiedene Gegenden schicken. Also – ich bin sehr selbständig.
Jörg:	Eigentlich spielt das keine so große Rolle. Aber Sie sagten, Sie haben zwei Jahre in diesem Beruf gearbeitet?
Helga:	Ja, ich hab' schon zwei Jahre Erfahrung in diesem Beruf und habe auch gemerkt, daß es so ganz wichtig ist, manchmal also diese Hausfrauenprobleme, diese typischen Hausfrauenprobleme – so – zu verstehen, und dann mal so kurze Gespräche mit diesen Frauen zu besprech – also mit den Frauen mal kurz zu reden – das finde ich auch ziemlich – habe ich als gute Erfahrung so...
Jörg:	Also ich wäre bereit, Ihre Bewerbung in Betracht zu ziehen, falls wir arrangieren können, daß Sie in einer Probezeit von 15 Monaten mindestens 15 Schornsteine pro Tag putzen können.
Helga:	Das wäre sehr nett, wenn wir das so arrangieren könnten, mit der Probezeit, dann werden Sie sehen.
Jörg:	Na gut, dann woll'n wir's mal versuchen.
Helga:	Gut, vielen Dank.

Schreiben Sie jetzt Teil A und Teil B.

Part 3
Instructor's Notes

HOW TO USE THE TEXT

Reden, Mitreden, Dazwischenreden can serve either as the basis for a 12-week conversation course at the intermediate or advanced level, or as a supplement to an intermediate four-skills course. The authors have used the materials successfully in traditional third- and fourth-semester classes that meet four times a week and in which the fourth day is systematically set aside for the development of communication skills. The variety of topics covered make it an ideal activities complement to a cultural reader; the discussion management skills developed throughout the book encourage increased student participation in all aspects of classroom discourse, whether the topic under discussion be a grammatical point, a literary text, or a cultural issue.

Each chapter contains a variety of activities designed for groups of various sizes. It is not possible, or even desirable, to do all of them in a single class period. Some activities need to be extended over several lessons, for example, those in the sections of each chapter titled: **Reden Mitreden** and **Reden Mitreden Dazwischenreden**. In other words, don't aim at doing one chapter per lesson; rather, adapt the material to the level of your students. Each chapter offers a wide range of activity formats with varying degrees of linguistic difficulty: pick those that best suit your teaching style and the competence level of your students.

HOW TO USE THE CASSETTE

Where and When?

You can assign the listening exercises for each chapter (approximately 7-10 minutes per chapter) as individual homework, or you can do them together with your students in class. It is recommended that you do at least the first assignment with the students to show them how to listen both for gist and for specific features of speech. The spontaneous recorded conversations illustrate the way native speakers fulfill the functions of speech indicated in the chapter headings and the way they deal with the topic chosen. The recordings provide a functional as well as lexical basis for the remainder of the chapter. Thus it is essential that the students listen to the tape before engaging in any of the activities.

How?

Students should be instructed to listen to the assigned conversations several times. Remind them to stop and rewind as often as they like.

1. First, listen for content. What do the native speakers say? Listen to the whole conversation once. Jot down what you have understood in the exercises for **Was haben sie gesagt?**
2. Second, listen for the specific features of speech and write the exercises for **Was haben sie getan?** How do native speakers say what they say?
3. Third, listen again to selected portions of the conversations in which specific phrases are used. In the exercises on tape and the supplementary exercises for class for **Was kann man noch sagen?**, you will repeat the practice phrases, concentrating on rhythm and pronunciation. You will then hear a short segment of the conversation again in which you can try out the phrases listed in your book.

When an exercise is done in class as a group activity, the teacher should participate in the exercise.

Content listening: While the students jot down what they understand, do the same on the blackboard. Compare results. These notes are amended and/or completed upon a second listening.

Functional listening: Students in groups of three or four, each with a tape recorder, note and discuss the specific features of speech they have found in the conversation. Each group reports its observations to the class.

Analyzing Communication Strategies

Native speakers fulfill key functions of speech by using communication strategies. Some of these are easily recognizable, ready-made formulae, or "gambits", such as *Grüß dich* for greetings or *Was meinst du?* for soliciting an opinion. There is no one-to-one equivalence between a function and its realization. Soliciting an opinion, for instance, can be realized by a number of gambits: *Was denkst du darüber?, Was hältst du davon?, Was sagst du dazu?* etc. Conversely, one gambit can fulfill several functions. *Was meinst du?* can imply asking for clarification, showing disbelief, or throwing back the ball. Many communication strategies do not consist of specific formulae; topic management strategies (such as switching the topic or introducing a new topic) and supportive listening strategies (such as offering comments and paraphrases) have to be interpreted as such by the listener. They are rarely realized by one specific word, but rather by whole sentences or groups of words that vary with each situation and with each group of interlocutors.

Recognition of specific communicative features of speech often entails *interpreting* what one hears. Individual students might discover different strategies and interpret them differently. Rather than present the students with right or wrong answers, take such an opportunity to discuss with the students the multiple aspects and meanings of interpersonal communication.

Additional analysis of spoken discourse

In addition to analyzing the native speakers' use of communication strategies, direct the students' attention to other negotiative aspects of conversation. For example:

speculate on the "hidden agenda" of some of the exchanges: the context in which they take place; the intentions, mood, and beliefs of the interlocutors; the way they perceive each other, and so on.

discuss possible parallels or discrepancies between what people say and the way they say it (see, for example, chapter 9, Gespräch 2).

note possible differences in the way a man and a woman conduct an argument (see, for example, chapter 10, Gespräch 3).

HOW TO TEACH VOCABULARY

The text does not contain vocabulary building exercises in the traditional sense: lists of words relating to certain themes and situations. Students should not be led to believe that ever more vocabulary is needed before they can take part in a conversation. This book encourages students to take stock of the vocabulary *they already know* from their first year, to find new vocabulary in dictionaries or first-year texts when needed, and to get around other lexical difficulties by means of communication strategies.

The activities in each chapter give the students the opportunity to use two kinds of vocabulary: topical vocabulary related to the chapter themes; communicative phrases related to chapter functions.

Topical vocabulary

The purpose of *Wortschatzerweiterung* exercises is to brainstorm, individually or in small groups, already learned vocabulary, loosely associated with a given theme. This means eliciting as many words and phrases as possible and exchanging vocabulary items with the rest of the group. Students in the second year have different backgrounds and various lexical resources. This exercise should activate their imagination and maximize student interaction. The teacher serves here as a resource person. You may provide dictionaries and first-year texts and should prepare a list of your own lexical items relevant to the topic at hand. This list may contain vocabulary that the students do not know but that you feel is vital to talking about the topic, specifically verbs and idiomatic expressions. Thus, if students run out of steam, they may go and "buy" a word from you for each word they have produced. Or you may decide to give the students half of the vocabulary required in the exercise, and ask them to brainstorm the rest.

The most useful vocabulary is that which a student needs within the context of a given activity. Encourage students to ask for specific items as the need arises; if you know the word, give it to them and make a note of it. If you don't, suggest a synonym or a paraphrase, make a note of the vocabulary item needed, and look it up for the next day. Have the students do the same. Make sure the students record these items in their books for future reference.

When students are engaged in group activities, go around the room and note which English words were used and which lexical items were needed in which context. Provide these items at the end of the activity and have the students note them down in their books.

Communicative phrases

These are first noted by the students as they hear them on the tape (**Hören und verstehen**). In addition, lists of other relevant phrases are given for each activity. These lists contain a certain amount of overlap to help recycle phrases from previous chapters. In some of the activities their use by the students is monitored by a peer observer, whose role is to note how and when they have been used or avoided, and to report to the whole class. The presence of an observer puts pressure on the students to use these phrases; it also provides a useful debriefing and reflection phase following the activity.

Communicative phrases have to be practiced with the right intonation and fluency. They have to be memorized and experimented with. You should use them yourself in the course of the lesson, so as to model their use for your students. Students should be encouraged to recycle them in different situations and with different topics.

„Vokabeln, die ich festhalten möchte"

Students are asked at the end of each chapter to choose a number of items they wish to remember particularly. These may include both functional and topical vocabulary items that have proven particularly useful in conducting the activities. This exercise is a first step in acquiring control over conversational needs and is thus an important part of the learning experience, but it requires some training and certainly some encouragement on your part. Students may do this as a group: each student writes on the blackboard one item of his/her choice, you make sure there are no grammatical or spelling errors, and the whole class writes down a common list of vocabulary. You may help students' choices by pointing out especially useful items. The exercise can be done individually; you then gather and correct the books at the end of each chapter.

SMALL AND LARGE GROUP ACTIVITIES

The ability to reden, mitreden, and dazwischenreden includes not only the ability to converse, but to organize and manage a conversation. Organizing the activities is as much part of the language learning experience as actually carrying them out. Both should be done exclusively in German. The instructions given in the text and the self-explanatory logos shown below should enable the students to organize and take control of their own activities.

Listening and writing exercise

Listening and speaking exercise

    All group activities should be simultaneous, unless otherwise specified. As in natural settings, group conversations should be private: they should neither be monitored by the teacher nor performed in front of a larger audience.

    You should not interfere with the groups' work. You may eavesdrop on group conversations and serve as an occasional resource person (see above), but you should never correct grammatical errors or otherwise influence the course of the conversation. Any remarks should be made to the whole class *after* the activity.

    Some activities, such as those in the section **Reden Mitreden Dazwischenreden,** require that students prepare and/or gather information outside class. Make sure you leave time for them to report on that information the next class session, and then take the time to build upon the students' input: ask follow-up questions, elaborate and expand on what they have said, and more importantly, encourage their fellow students to do the same.

    The debriefing phase following activities is of crucial importance, and at least 10-15 minutes of class time should be allocated to it. This may take the form of a report by the peer observer, or the results of a group discussion may be posted on the wall. In all cases, a general discussion should ensue. You should take the time to wrap up the activity and make two or three important points concerning the use of communication strategies and the general management of the activity. This phase should take place in a spirit of mutual trust and understanding. It should not be an evaluative, normative activity, and students should be discouraged from regarding it as such. Group cooperation and interaction take precedence here over individual performance. Your own nonjudgemental attitude in this respect will serve as a model for the students.

Instructor's Notes Chapter by Chapter

KAPITEL 1: Gespräche beginnen und beenden

DAS KONVERSATIONSSPIEL

In chapters 1-6 this section will provide students practice with general "gate-keeping" strategies, which can be used in conjunction with the more specific strategies discussed in each chapter. Students should ideally have this material at their disposal for working with chapters 7-10. If you are not using all the chapters of *Reden, Mitreden, Dazwischenreden* for one course, you may want to redistribute the **Konversationsspiel** among the chapters you will be using.

In chapter 1 begin with brainstorming ideas about what makes a good conversation and how one can be a good conversationalist. Think of ways that a person can take part actively in a conversation even if that person has nothing to say, feels intimidated by the other speakers, or just wants to keep the others talking.

A note to the cartoon as *we* read it: The man at the door is in the same situation as your intermediate student who has learned his "canned" dialogues, but doesn't know how to use them on the spot in conversation!

A. Blindekuh. / B. Synchronisation. / C. Zeichensprache. Have students share any gestures they know (perhaps even in another language) and discuss differences in perceived meaning. By way of the activities, let students discover the two-way aspect of language, also of non-verbal language, and the notion that communication is a process between two or more interlocutors. For communication to happen it is not sufficient for each person to have a fixed set of signals (sounds, words, or phrases) which simply get passed on to the next person. The process of understanding requires negotiation of meaning between the people involved in the conversation.

These activities can be effectively introduced at any point during the course.

HÖREN UND VERSTEHEN

The pre-listening activity at the beginning of each chapter should ideally be done with the whole class so that each student can benefit from the ideas of the group and so that ideas will be generated even beyond the scope of the activity guidelines. (This activity precedes the individual homework preparation with the basis material on tape for each chapter.)

Students might find it intriguing to identify their "German-speaking friend." Give that person a name for students to refer to him/her by during the course of the work with this book.

When using this book for the first time, we advise doing an introductory listening exercise from chapter 1 with the tape in class. If it is possible to work on this in the language lab, then you can answer individual questions and monitor whether students are making repeated listenings of each text. It is essential that students learn from the beginning how they can observe what the speakers on the tape are doing with language. The teacher should plan to elicit feedback from the group following each chapter's listening assignment. By comparing notes with others, students will begin to feel comfortable with the possibility of a variety of interpretations and more than one meaningful answer.

F. Sich vorstellen. Have students brainstorm the phrases they will need. Write the phrases on the board while the students are writing them in their books, so that they can refer to the board, rather than their books, during the role play. Point out that traditions are changing in the use of the formal/informal address in the four main German-speaking cultures. Once you have determined how students will address one another and you, be sure to reinforce that usage during the course.

You can demonstrate the first activity with a student. Go through all the steps and note down the information on the board as you go. Have other students note down the expressions that you both use to greet each other, to ask questions, and to take leave.

G. Haben Sie einen Ausweis? / H. Der Lebenslauf.

These two written activities can be done in class in pairs or groups of three so that students can profit from one another's knowledge of words and benefit from further sharing of ideas. Circulate among students and be sure that they are working together in German only. Establishing this practice from the beginning is more important than correcting any grammatical errors. It is essential that students realize that they can learn how to ask each other for help and clarification in the target language.

The identification documents that students create in this activity can be used in the activities in chapter 2 on asking and providing information, specifically those based on job-hunting.

I. Begegnungen mit Fremden.

Remind students that "getting acquainted" can often be a relatively slow process between German speakers, and that one considers others to be "Bekannte" during the process of getting acquainted. The American notion of "making friends" at a party or at the bus stop is not easily translatable into German.

It might be good practice to carry out this activity using the **Sie**-form of address.

J. Mit einem Klassenkameraden am Telefon.

If your students in class live with other non-German-speaking friends, then the initial greeting may have to be in English. Be sure that students have prepared typcial telephone phrases from working with the dialogues on tape and/or further review in class. Exchanging telephone numbers can be done in class in German: you might want to establish a class or course (several classes) list for students to keep for further activities to follow.

K. Stellenangebote.

This activity has three parts. Have students read through the entire activity as homework and prepare ideas for Teil A, as well as learn the useful phrases (MEMOS) for this activity. In class students should form groups of four and gather their ideas for **Teil A.** In **Teil B** have two groups of four combine and have each student from one group form a pair with a student from the other group. In pairs they are to interview each other for the job the interviewer has to offer (and then switch roles). In **Teil C** students should rejoin their original groups and discuss their results.

It is a good idea to give students a time limit for the interviews and the wrap-up sessions. Be sure to leave enough time for the whole class to discuss what has happened. For further, more extended activities using job interviews, see **Kapitel 2: Um Auskunft bitten und Auskunft geben.**

DAS RECHTE WORT ZUR RECHTEN ZEIT

You may want to incorporate these and other such situationalized questions into a class oral quiz or a periodic individual oral or written quiz.

The situations sometimes call for several equally appropriate responses. Here are some possible rejoinders for chapter 1.

- L.1 Hallo (hier ist ...), darf ich bitte Frau/Herrn X. sprechen?
- L.2 Also, bis Montag dann!
- M.1 Mensch, dich habe ich lange nicht mehr gesehen! Was machst du denn hier? Schön, dich wiederzusehen!
- M.2 Schönes Wochenende!
- N.1 Angenehm. Freut mich.

BEVOR WIR WEITERGEHEN ...

The idea of this next section is a) to provide students/teacher with the opportunity to see what goes on in oral conversation, to observe the kinds of turn-taking that can occur; b) to emphasize to students/teacher the importance of the speaker's and the listener's roles; c) to encourage students/teacher to discuss differences between written textbook dialogues and the samples of transcribed oral conversation. We suggest using these observation exercises as an introduction to the book with or without the material from chapter 1.

KAPITEL 2: Um Auskunft bitten und Auskunft geben

HÖREN UND VERSTEHEN

Starting in this chapter there are three phases to the listening exercises in the book and on the tape. It is a good idea to take a tape recorder into the classroom and to do a practice run-through of at least **Gespräch 1** to familiarize students with the kind of listening they will be expected to do. In **Was kann man noch sagen?** students will first hear just a segment of the original conversation in which specific phrases are used. These phrases and additional possibilities for realizing the particular function are printed in the student text. After repeating several phrases according to the models on the tape, students will then be given a chance to try out a phrase in the context given in that segment of the conversation. Or, students can try all of the phrases by rewinding the tape.

We advise you to review the phrases introduced in the exercise on the tape, as well as those in the *supplementary exercises in the tapescript*. Students should have their books open so that they can refer to the complete list of phrases—the ones used in the actual dialogues and those subsequently introduced. For further suggestions on classroom procedure for **Was kann man noch sagen?** please refer to the Sample Teaching Unit on page 79 of this manual.

L. Stellenknappheit. Students are usually keen on learning rules of telephone etiquette, especially for such formal situations as talking with a prospective employer. Make sure that everyone has understood the "catch" in this role play—that the job market for that particular kind of work is low and that the candidate is trying desperately just to get an interview, convinced that this will be a foot in the door. The employer is cautious and wants to find out more about the candidate first. It will be easier for role play if the job is not too high-power, in fact we find it easier for students to role-play if the situations are not something they feel they have to identify with heart and soul.

Supplementary Activity

Rollenspiel. (in Paaren)

Kunde/Kundin:

Sie sind in einer Buchhandlung in Frankfurt und suchen ein Geschenk für Ihren Bruder. Erklären Sie der Verkäuferin, welche Hobbys Ihr Bruder hat, und daß Sie ein passendes Buch suchen. Nachdem Sie das Buch ausgewählt haben, fragen Sie, was es kostet und ob Sie mit Kreditkarte bezahlen können. Bevor Sie den Laden verlassen, fragen Sie noch, wann sie morgens aufmachen, da Sie morgen zurückkommen möchten, um ein paar Bücher für sich selbst auszusuchen.

Verkäufer/in:

Sie sind Verkäufer in einer Frankfurter Buchhandlung. Ein Kunde möchte wissen, ob Sie ihm ein Buch für seinen Bruder empfehlen können. Sie haben gerade neue Hobbybücher über deutsche Züge und Bergsteigen in den Alpen bekommen. Sie kosten alle zwischen DM 35-80, und Kreditkarten werden nicht akzeptiert. Ihr Laden macht morgens um 10 Uhr auf.

M. Wie antworten? Make sure that the class has reviewed orally the **Redemittel** for this activity (for giving an answer) and those introduced with the **Gespräche,** so that students catch the importance of sentence intonation and the stress of certain words, and have a chance to practice the rhythm of conversation. The topic suggested here is simple for students in any class to deal with. Depending on the reading material you are using in the course, it should be easy enough to choose another topic to focus on information in the text. In each group then, two students are the "experts" and two are the information seekers. If the information seekers play their roles well, using the **Redemittel** skillfully, they can play the game even if they have not done the reading. Students should pair up accordingly. Or as a variation: give students two different readings or sources of information, so that the real information gap gives them added incentive to find out what the others know.

Supplementary Activity

Rollenspiel. (in Paaren) (A) Sie sind eine deutsche Studentin und besuchen dieses Semester eine amerikanische Universität. Sie sind gerade angekommen und kennen sich noch nicht aus. Sie sprechen mit einem anderen Studenten im Studentenheim und wollen Informationen über folgende Themen haben:

1. die Mensa
2. Bücher
3. das Schwimmbad
4. öffentliche Verkehrsmittel (der Bus, die Straßenbahn)
5. Sprachkurse für Ausländer

(B) Heute ist eine Studentin aus der BRD gerade in das Studentenheim eingezogen, in dem Sie auch wohnen. Sie können gut Deutsch sprechen und fragen sie, ob Sie ihr helfen können. Sie beantworten ihre Fragen so gut Sie können, und dann geben Sie ihr Ihre Zimmernummer, damit sie Sie später aufsuchen kann. Am Samstag wollen Sie ihr den Campus zeigen.

N. Persönliche Eigenschaften. / O. Das Bewerbungsschreiben. / P. Das Vorstellungsgespräch. We have tried these three activities as an extended activity over several class sessions, but have also found that each one can be used separately. In **N. Persönliche Eigenschaften,** the group work of brainstorming vocabulary and then ranking the items in the list is a good warm-up activity, which may take as much as 10 minutes. To cut down on class time, the list of characteristics can be prepared as homework; then the group can work together ranking the results. If the class is to continue with the next activity, **O. Das Bewerbungsschreiben,** combine pairs of threesomes so that six students work together on the same job opportunity. Use the realia provided or have students look for others in German newspapers such as the *Frankfurter Rundschau* or *Die Zeit.* We have found that our students have less difficulty working with job ads in which their own personal interests are not at stake. In each group of six, three students represent the company and three are competing job candidates. **P. Das Vorstellungsgespräch** should be prepared by the groups as homework for the next class session. If you are not using the previous two activities as lead-ins, use just the brainstorming activity of **Bewerbungsschreiben** to supplement **Teil A: Vorbereitung** for the same job offer, so that all the participants can work out their respective strategies. Each group will then continue with **Teil B** and **Teil C.**

Supplementary Activity

Passen wir zusammen? (in Gruppen zu dritt) Sie suchen eine dritte Person für eine Wohngemeinschaft. Sie und Ihr Partner/Ihre Partnerin interviewen eine Kandidatin/einen Kandidaten: Stellen Sie viele Fragen und versuchen Sie dabei höflich zu sein.

DAS RECHTE WORT ZUR RECHTEN ZEIT

R.1   Das ist ganz einfach. Also...nun...guck' mal...

R.2.A   Ja sicher. Sie gehen einfach geradeaus...

R.2.B.   Tja, da bin ich überfragt. / Ja, das weiß ich nicht. / Tut mir leid, aber ich bin auch fremd hier. / Da kann ich Ihnen nicht helfen.

R.2.C.   Also, Moment, da muß ich erst überlegen. / Nun ja, es kommt darauf an, ob Sie mit dem Bus fahren oder zu Fuß gehen wollen.

R.3.   Bitte schön! / Bitte sehr! / Nichts zu danken! / Gern geschehen!

S.1.   Entschuldigung, ich hätte mal eine Frage! / Verzeihung, darf ich etwas fragen?

S.2.   Entschuldigung, wie war das? Ich habe Sie nicht verstanden.

S.3.   Entschuldigen Sie, könnten Sie das wiederholen, ich habe das akustisch nicht verstanden!

KAPITEL 3: Gemeinsam planen und organisieren

HÖREN UND VERSTEHEN

We advise you to review the phrases which are introduced in the exercise on the tape, as well as those in the *supplementary exercises in the tapescript.* Students should have their books open so that they can refer to the complete list of phrases, the ones used in the actual dialogs and those subsequently introduced. For further suggestions on classroom procedure for **Was kann man noch sagen?** please refer to the Sample Teaching Unit on page 79 of this manual.

H. Wohin damit? Students should be arranged in groups of five or six with one member of each group at the board or with a large piece of paper that is visible to the group. Students might be given the chance to brainstorm their group's own list of objects and characters from a story or the scene of a play they have all read at some point. This exercise can be used as an intermediate stage during the discussion and interpretation of a text.

Supplementary Activity

Ein Zimmer einrichten. (in Paaren) Studenten können eine Skizze eines Zimmers benutzen, während sie zusammen reden. Sie ziehen mit einem anderen Studenten/einer Studentin in ein Doppelzimmer ein. Einige Möbelstücke stehen herum: zwei Betten, zwei Schreibtische, zwei Stühle, zwei Kleiderschränke. Wie wollen Sie das Zimmer einrichten?

Supplementary Activity

Einpacken und abfahren. Heute abend wollen Sie mit zwei Freunden in die Berge fahren, wo Sie zwei Tage Camping machen wollen. Was müssen Sie unbedingt mitnehmen? Wer hat Zeit, die nötigen Sachen noch zu besorgen? (z.B. ein Gasherd, ein Zelt, einen Fußball, einen Badeanzug, usw.)

Supplementary Activity

Die Arbeitsteilung. Für den Deutschkurs müssen Sie nächste Woche zusammen mit einem Kommilitonen/einer Kommilitonin ein Referat halten. Wie wollen Sie das Thema aufteilen? Wer kann was in der Bibliothek recherchieren? Wann haben Sie danach Zeit, das Material zusammenzustellen?

Supplementary Activity

Ein Interview organisieren. Sie sollen für Ihre Klasse ein Interview mit einem Deutschen organisieren. Sie müssen entscheiden, wen Sie einladen wollen, und wann. Besprechen Sie auch, was Sie mit dem Interview erreichen wollen, und welche Fragen Sie stellen können.

M. Selbst inszenieren! The previous exercise, **L. Wortschatzerweiterung,** can be done in class or as homework in preparation for the conversations in **Selbst inszenieren!** Students should set up their own situations, discussing their plans in German. Encourage them to be creative in their answers.

N. Auf geht's!   Students should have already done preparation practicing the Redemittel for G. Ich schlage vor.

Supplementary Activity

Das kann ich schnell erklären! (in Gruppen zu viert)   Erklären Sie in Ihrer Gruppe, wie man etwas spielt, z.B. ein bestimmtes Kartenspiel, ein Brettspiel, ein Wortspiel. Sagen Sie nicht, wie das Spiel heißt. Die anderen Leute in der Gruppe sollen Fragen darüber stellen, z.B. was ihnen nicht klar ist, was das Ziel des Spieles ist, wie das Spiel endet. Zum Schluß können die anderen raten, wie Ihr Spiel heißt.

Supplementary Activity

Rollenspiel.   (in Gruppen zu dritt)

Person A: Sie studieren dieses Semester in der BRD. Zusammen mit zwei anderen Studenten/Studentinnen wollen Sie am Wochenende einen Ausflug machen, aber jeder hat eine andere Idee. Sie möchten z.B. nach Freiburg fahren, das direkt am Schwarzwald liegt, oder vielleicht etwas südlicher zum Bodensee an der schweizer Grenze. Sie haben aber keine Lust nach Frankfurt in die Großstadt zu fahren. Im Moment haben Sie selbst sehr viel zu tun, und Sie haben also nicht viel Zeit, alles zu arrangieren. Einigen Sie sich mit Ihren Freunden auf einen Plan.

Person B: Sie studieren dieses Semester in der BRD. Zusammen mit zwei anderen Studenten/Studentinnen wollen Sie am Wochenende einen Ausflug machen, aber jeder hat eine andere Idee. Sie möchten vielleicht nach Freiburg fahren, oder eventuell etwas südlicher zum Bodensee fahren. In die Großstadt, z.B. nach Frankfurt oder nach Köln, wollen Sie aber nicht. Geld ist für Sie ein großes Problem, und Sie wollen so billig reisen, wie möglich. Einigen Sie sich mit Ihren Freunden auf einen Plan.

Person C: Sie studieren dieses Semester in der BRD. Zusammen mit zwei anderen Studenten/Studentinnen wollen Sie am Wochenende einen Ausflug machen, aber jeder hat eine andere Idee. Sie möchten z.B. nach Freiburg fahren, oder vielleicht in die Großstadt nach Frankfurt oder nach Köln. Auf jeden Fall haben Sie keine Lust das Wochenende am See oder auf dem Land zu verbringen. Einigen Sie sich mit Ihren Freunden auf einen Plan.

P. Stadtführung.   There need to be at least two groups for this activity (so that there will be an information gap for the final task for pairs of members from each group). Form the groups the day before so that they can procure a copy of a **Stadtplan** to work with the following day. The group work should be done in class, since the planning and organizing strategies will actually be carried out in German. To do **Teil B** students may need to review phrases for giving street directions (e.g. „bis zur nächsten Kreuzung und dann rechts"). We have had success using German cities with which our students had become familiar through readings or taped materials.

Supplementary Activity

Eine Wahlkampagne.   Sie wollen zusammen mit einem anderen Studenten eine Wahlkampagne organisieren. In einem Monat sind die Wahlen an der Uni, und Sie wollen beide als Partner den Posten als Leiter des Unterhaltungskommittees übernehmen. Sie müssen planen, 1) was Ihr Wahlspruch sein wird, 2) wo Sie Plakate aufhängen wollen, 3) wann Sie sich mit verschiedenen Studentengruppen treffen können, 4) wie Sie die Arbeit aufteilen können.

Supplementary Activity

Unterrichtsstruktur. Wie organisiert Ihr(e) Deutschlehrer(in) das Unterrichtsgespräch? Welche Redemittel werden im Klassenzimmer benutzt, um das Gespräch zu steuern und zu strukturieren? Beobachten Sie Ihren Deutschlehrer während einer Stunde, und notieren Sie, was er sagt. Wie reagiert Ihr Lehrer auf Aussagen von Studenten?

positiv	**negativ**
z.B. „gut"	z.B. „nein"
_____	_____
_____	_____

Wie wechselt der Lehrer zu einer anderen Tätigkeit über? z.B. „Seid Ihr soweit? Gut."

_____

_____

Wie beginnt und beendet er die Stunde? z.B. „Guten Morgen!" / „Also, bis Montag!"

_____

_____

Besprechen Sie nun in der Klasse die Redemittel, die Sie aufgeschrieben haben. Haben Sie sie richtig mitgeschrieben? Manchmal sagt der/die Lehrer(in) einiges auf Englisch. Wie hätte er/sie es auf Deutsch sagen können?

auf Englisch	**auf Deutsch**
_____	_____
_____	_____

_____ DAS RECHTE WORT ZUR RECHTEN ZEIT _____

Q.1. Also gut, (abgemacht), bis Montag, ja?
Q.2. Du, Bernd, kommst du morgen abend zu mir? Ich habe ein paar Freunde eingeladen und ich gebe eine kleine Party. / Bernd, kannst du morgen abend zu einer kleinen Party zu mir kommen? Ich würde mich freuen.
Q.3. Ja Moment bitte, bleiben Sie dran, ich hole sie. / Tut mir leid, meine Frau ist im Moment nicht da. Darf ich etwas ausrichten?
Q.4. Könnten Sie ihr etwas ausrichten?
Q.5. Gut, also dann, bis Montag 13 Uhr. Auf Wiedersehen!
R.1. Du, wie wäre es mit heute nachmittag? Hättest du Zeit?
R.2. Ja also, ich schlage vor, wir besprechen diese drei Fragen eine nach der anderen: zuerst..., dann... und zum Schluß...

Instructor's Notes

KAPITEL 4: Gefühle ausdrücken und darauf reagieren

A. Versuch's mal anders. The strategy of paraphrasing can be used by both listener and speaker for a variety of purposes. The listener can check back with the speaker to see how well the received message matches up with the intended one. This is an especially helpful strategy for beginning students who are often confronted with unfamiliar grammar and/or vocabulary. In paraphrasing, the listener may also make suggestions for vocabulary or grammar corrections. By first acknowledging the topic of the previous speaker, the listener can also use this strategy for interrupting and taking the floor.

We suggest that you introduce this strategy with a simple gambit such as, „also du meinst ..." as early as possible on the first semester level, so that students get used to using it with each other and the teacher and with native speakers.

C. Assoziationsfelder. Such brainstorming activities are energizing as a warm-up activity, especially if the pace is brisk and the entire exercise is given a time limit of two to five minutes. Students will pool the vocabulary that they can actively recall. Beyond the topics we give here, use topics or „**Begriffe**" from readings or other sources you are currently working with in class. This activity works well as a pre-reading or post-reading warm-up for discussions.

HÖREN UND VERSTEHEN

You will probably find that students' answers to the **Hören und verstehen** exercises will vary, and especially in this chapter. It will be worthwhile to have transcripts of the taped dialogues available for debriefing in class (see tapescript of chapter in Part Two of the IM). Let students try out each other's "transcripts" from **Teil A,** so that they can experience the effects that different sentence intonation patterns have on the message.

Before continuing with the activities in this chapter it is a good idea to practice the phrases/gambits introduced in **Was kann man noch sagen?** orally with the class, so that students become familiar with the rhythm and intonation of each phrase as it is used in a specific context.

We advise you to review the phrases introduced in the exercise on the tape, as well as those in the *supplementary exercises in the tapescript*. Students should have their books open so that they can refer to the complete list of phrases, the ones used in the actual dialogues and those subsequently introduced. For further suggestions on classroom procedure for **Was kann man noch sagen?** please refer to the Sample Teaching Unit on page 79 of this manual.

G. Was für eine Miene ist das? Be sure to review the list of phrases with the students. Use your own natural gestures and facial expressions to help clarify meaning and make clear which expressions have restricted use. Students will enjoy adding further expressions they have heard you and other German speakers use.

After students complete their scenarios, you may want to have them improvise short role plays. In a small class, each group can work on the same picture and then compare what they come up with.

O. Der ideale Ehepartner. A variation on this exercise is to first come up with a list of world figures (real or fictional) whose personal lives might be intriguing. Each group of students then takes the same 2 or 3 figures and decides what the ideal partner for those figures would be. Then compare the results of each group and discuss other charactersitics not yet considered.

P. Schon wieder? We suggest four-person groups for this activity, or three so that there is at least more than one person helping to embellish the story. The person reacting should be the third-party. If more than three people try to tell the same story, then probably one or two of the tellers will have less to say. Stories can be prepared by the groups before coming to class.

Supplementary Activity

Gratuliere! (in Gruppen zu sechst)

a) In Ihrer Gruppe werfen Sie einen Würfel. Wer die höchste Zahl bekommt, erhält nun die folgende Nachricht (der Lehrer kann folgendes bekanntgeben):
„Sie haben gewonnen! Herzlichen Glückwunsch! Wir freuen uns, Ihnen mitteilen zu können, daß Sie einstimmig zum Sieger erklärt wurden. Wir werden Ihnen per Telefon in den nächsten Tagen ausrichten, wo und wie Ihnen der Preis zugeteilt wird."

Der Sieger:

Sie wissen nicht, warum oder wofür Sie plötzlich einen Preis gewinnen sollen. Ihrer Meinung nach haben Sie nichts Besonderes geleistet. Den anderen Leuten gegenüber zeigen Sie aber keinen Zweifel und sind nur stolz und glücklich.

Die Gruppe:

Sie freuen sich riesig, daß Ihr(e) Freund(in) gewonnen hat, obwohl Sie wissen noch nicht, warum oder was. Jeder gratuliert ihm/ihr.

b) Plötzlich wird wieder eine Nachricht durchgegeben (der Lehrer kann noch einmal vorlesen):
„Es wurde gerade ein schrecklich peinlicher Fehler entdeckt. Leider haben wir es nicht verhindern können, daß Sie die falsche Nachricht bekommen haben. Der vorhin genannte Preis ist an jemand anderen verliehen worden. Wir bedauern sehr, daß wir Sie enttäuschen müssen."
Ihre Freunde drücken ihr Mitgefühl aus. Was sagt der Sieger jetzt? Gibt er zu, daß er den Preis nicht verdient hat, oder daß auch er enttäuscht ist? Spielen Sie die Szene weiter.

DAS RECHTE WORT ZUR RECHTEN ZEIT

Q.1. Mensch, ist das nett, daß ihr doch noch gekommen seid / Ach, ist das schön, euch wiederzusehen! Wir haben uns schon so lange nicht mehr gesehen!
Q.2. Du, Bernd, was ist los? Du siehst so trübe aus! Geht es dir nicht gut?
Q.3. Ach das tut mir leid! Du Ärmster! Na ja, ich freue mich, daß es dir besser geht.
Q.4. Also, so was Unverschämtes! / So 'ne Frechheit! / Es ist doch ein bißchen extrem, finden Sie nicht? / Was? Das ist doch unerhört!
Q.5. Ich danke Ihnen sehr für den schönen Abend, es war wirklich sehr nett.
R.1. Ja also, gute Reise, nicht?
R.2. Ich gratuliere! Herzlichen Glückwunsch!
R.3. Mensch, Hals und Beinbruch! / Mach's gut! / Ich drücke die Daumen!
S.1. Schönes Wochenende!
S.2. Schöne Ferien!
S.3. Frohe Weihnachten und ein gutes neues Jahr!
S.4. Gleichfalls. / Ebenfalls.

SAMPLE TEACHING UNIT—Kapitel 4

Day One:

1. Introduce the function of the language to be focused on in this chapter. Divide the class into groups of three or four and have students proceed with the exercise **Wie macht man das auf Englisch?** on the first page of **Hören und verstehen** for this chapter. The idea of this preview exercise in English is to have students reflect on how particular phrasing works in a language. In thinking about how such a conversation might be used in English, students will be prepared to observe the structure in the recorded German dialogues and make a comparison. This exercise could also be assigned as homework, although the most interesting observations will probably arise out of group discussion. Time: 5 minutes.
2. Switch gears. Turn to the key conversational strategy of "keeping the ball rolling." Students should already be familiar with the idea of the **Konversationsspiel** from the first chapter, although you may choose to do the six segments in chapters 1-6 in any order. Make sure that students are familiar with how paraphrasing works by modelling a few examples.
3. Turn to sentences in **A. Versuch's mal anders** and continue by having the next person in the circle paraphrase what the first person has said. You may want to keep to one topic, or simply encourage the students to continue by free associating another idea. Time: 3 minutes (a drill — keep it short!)
4. Have students pair up for a role play. **B. Wie bitte?** (You may have to review German telephone etiquette before starting the activity.) Explain the situation to the class briefly, pointing out how useful the strategy of paraphrasing can be on the telephone. Then have the pairs read through each of their roles together and begin the conversation. You may want to have the class brainstorm together (in German) what kinds of topics might come up in such a telephone conversation. Time: 1 minute and then switch pairs.

The **Konversationsspiel** does not need to precede the work with the rest of the activities in this chapter, nor does it need to be done with this particular chapter at all. You may wish to use the activities one at a time throughout the term. In fact, we have found that most of these general conversation strategies can be introduced at a very early stage in a level-one course.

Homework:

Assign the tape conversations and exercises. Students should listen to the conversations at least twice: once for the general gist, then again to work through the exercises in their books and on the tape. The exercises on tape will help the students review out loud a sample of the phrases they will find useful when doing the activities in this chapter.

Day Two:

1. Discuss with the class the situations and emotions heard on the tape. Have students pair up and try out their transcriptions (**Teil A: Was haben sie gesagt?**) by reading each other's renditions for the class playing up the intonation markings. **Teil B: Was haben sie getan?** is meant to give the students the vocabulary to talk about talk. The responses are generally not right or wrong, but open to interpretaion and discussion. Discuss how sentence intonation and the stress of particular words can lead to different interpretations.
2. Turn to **Teil C: Was kann man noch sagen?** The idea of this section is to work with segments of the original dialogues, in order to see how specific **Redemittel** perform certain functions. Students should have practiced the phrases with the exercises for **Teil C, Übung 1** provided on the tape as homework. It is up to you to decide how many of the supplementary exercises to complete with the class. You will find the *supplementary exercises* in the *tapescript,* part II of this IM.

Begin with a review of **Übung 1:**

Instructor:	Wie könnten Sie zeigen, daß Sie böse sind? Zum Beispiel, Ihr Mitbewohner hat die Küche nicht aufgeräumt. Was sagen Sie ihm? *(Elicit response from the students)*
Student:	Der ist vielleicht einer. *(perhaps intonation is not effective)*
Instructor:	Ja, wirklich, finde ich auch, aber sind Sie nicht richtig böse? Das passiert ja immer wieder!
Student #1:	*(tries again)* Der ist vielleicht einer! *(sounds more convincing)*
Instructor:	Ja, also so was! Und nun hat er die Telephonrechnung nicht bezahlt. Wie reagieren Sie darauf? *(elicit response from another student)*
Student #2:	Ich habe es ihm extra noch gesagt!
Instructor:	Sie doch auch, oder? *(encourage more students to respond)*
Student #3, 4:	Ja, Mensch! / Ja, so ein Dussel! *(several students can be encouraged to respond at once)*
Instructor:	Und die Mitbewohnerin, sie ist immer so rücksichtslos, denkt nie an die anderen im Haus. Sie hat jetzt die ganze Milch im Haus ausgetrunken, ohne was zu sagen.
Student #5:	Der ist vielleicht einer!
Instructor:	Sie meinen *der* mit der Telephonrechnung oder *der, der* die Küche nicht aufgeräumt hat?
Student #6:	Ich meine, ich finde es nicht gut, daß er die Milch ausgetrunken hat.
Instructor:	*(pause to see if one of the other students can pick up on the clarification)* Ach, Sie meinen wohl die Mitbewohnerin, ich glaube, sie heißt Sally, oder?
Student #6:	*blank look — perhaps still confused, not picking up on the cues)*
Student #7:	Ja, Mensch, was denkt sie sich?
Student #8:	*(has caught on perhaps by now)* Ja, *die* ist vielleicht eine!

It is not necessary to go over each of the **Redemittel** in the book. You should add any phrases you use yourself and let students add phrases from their own experience. Keep a list on the board of new phrases and those that are hard for the students to say. Be sure to point out the register differences which are also indicated in the book. Set up situations which require a more neutral response (respond to a stranger at the market) or allow for a more familiar tone (respond to your neighbor).

3. Go on to **Übung 2**. The instructor should follow the script for each supplementary exercise in the tapescript for chapter 4 in part II of this IM:

Instructor:	*(ad-lib from the tapescript, or read out loud)* Sie hören jetzt einen kurzen Ausschnitt aus dem zweiten Gespräch zwischen Renate und Martin. Ich lese Renates Rolle. Wer liest Martins Rolle? ... Ja, Peter, danke schön!

(read two-line excerpt printed in tapescript with a student or by yourself with two different voices)

Peter/Martin:	Stell dir vor, was heute passiert ist. Ich habe endlich meine Wohnung gefunden.
Inst./Renate:	Prima, Mensch, Klasse! Das freut mich aber. Und du suchst doch schon so lange, nicht wahr? Was kann man noch sagen? Wiederholen Sie bitte: „Sagenhaft!"
Klasse:	Sagenhaft!
Instructor:	Das ist ja unglaublich.
Klasse:	Das ist ja unglaublich.
Instructor:	Wie schön!
Klasse:	Wie schön!
Instructor:	Jetzt wiederholt Peter nur den Anfang von diesem Ausschnitt und Sie können eine neue Variante ausprobieren.
Student-P.:	Stell dir vor, was heute passiert ist. Ich habe endlich meine Wohnung gefunden.
Instructor:	*(elicits response by individual students)*

Students can use the list in their books or glance at the phrases on the board. By keeping "working lists" (three columns: **verärgert / glücklich / überrascht**) on the board you can facilitate a more effective use of eye-contact and gestures among the students. You may want to remind students that these phrases can be said in different ways depending on the context and the intended meaning, *e.g.,* **Mensch** can be used in all three contexts above.

4. Go on to **Übung 3**. Repeat the process for supplementary exercises as for **Übung 2**. Be sure to focus during this part of the lesson on the delivery of the **Redemittel**: intonation, enunciation, stress, volume and timing of response to fit with the context. Emphasize the importance of preparing the **Gespräche** before class so that you are not starting from scratch. As preparation, students should have listened carefully several times to the **Gespräche** in order to understand the basic structure of the conversation and to hear how such **Redemittel** are used by native speakers. It is also important that students practice the **Redemittel** before class (either out loud with the tape or the ones that are not on tape) with the book.
5. Go on at this point (after 10 minutes of drilling) to a guided exercise, allowing students to put into use what they have just practiced. We often use the following exercise from the **Reden** section of this chapter.

Give each student one of the situations in **I. Was soll ich dir sagen?** or let students use their own favorites from the list in their books. Have students move around so that each one can tell his/her story to as many of the others as possible. (You should participate as one of the group.) The idea is to get a heartfelt reaction from the other person. After the initial reaction, which may not be very convincing, the speaker embellishes on the story. The listener, using the strategies practiced earlier for keeping the ball rolling (agreeing, paraphrasing, association) encourages the storyteller to continue, with repeated and varied reactions to the situation. Each student should take both roles during the activity. The teacher may give a signal to move on, if there does not seem to be enough movement in the group.

The class sessions described thus far should take about 20 minutes all together. The activities in the next two sections: **Reden Mitreden** and **Reden Mitreden Dazwischenreden** require more extended interaction between pairs or small groups. You may want to combine preliminary practice of the **Gespräche** in this chapter with the activities in chapter 7: **Sich beschweren**, chapter 5: **Geschichten erzählen** or chapter 6: **Rat holen**.

KAPITEL 5: Geschichten erzählen, Geschichten hören

HÖREN UND VERSTEHEN

We advise you to review the phrases introduced in the exercise on tape, as well as the *supplementary exercises in the tapescript.* Students should have their books open so that they can refer to the complete list of phrases, the ones used in the actual dialogues and those subsequently introduced. For further suggestions on classroom procedure for **Was kann man noch sagen?** please refer to the Sample Teaching Unit on page 79 of this manual.

We have found that by looking at the notes students take during the listening exercises, we can get a good idea of how they work with the new strategies. It is not important to correct the grammar or spelling at this point, since these are notes that have been jotted down in a hurry. However, it is critical that students understand what it means to form their own interpretation of what the speakers are doing with the language. Some students will be very observant of what is happening in a dialogue and will be able to verbalize what they observe. These students can be helpful to students who have less experience. By comparing notes with each other, students will get a better idea of how widely interpretations may vary and how to take more explicit notes.

To give you an idea of the kind of observations students may make, here are sample notes taken by two students in a fourth-semester course:

Gespräch 3: Was haben sie getan?

Für die ersten beiden Erzählungen haben Sie jetzt eine schriftliche Zusammenfassung, die den wesentlichen Inhalt der jeweiligen Geschichten wiedergibt. Es gibt natürlich viele Unterschiede zwischen der schriftlichen und der mündlichen Form jeder Erzählung. Vergleichen Sie beide Fassungen der zwei Erzählungen und sammeln Sie Unterschiede, die Ihnen dabei auffallen, wie z.B:

a) in der Länge:

(S1) Die schriftliche Zusammenfassung ist natürlich viel kürzer.
(S2) die mündlichen Formen sind länger.

b) in der Satzlänge:

(S1) Der Satz ist manchmal kürzer, manchmal länger.
(S2) In der mündlichen Fassung gibt es sowohl längere als auch kürzere Sätze als in der schriftlichen. In der mündlichen Erzählung gibt es Fragmente und Run-ons.

c) bei der Wortwahl:

(S1) Die Wortwahl ist anders. Bei einer Erzählung benutzt man häufig mehr Umgangssprache.
(S2) In der schriftlichen Form sind die Wörter knapper.

d) bei dem Aufbau der Geschichte (Anfang, Ende):

(S1) Bei einer mündlichen Erzählung gibt es mehr Informationen, mehr Einzelheiten.
(S2) Am Ende von Helgas und Martins Geschichte sagten sie wie glücklich sie waren, daß nichts Schlechtes passiert war. So etwas gibt es in der schriftlichen Form nicht.

e) beim Gebrauch von Unterbrechungen und Paraphrasen:

(S1) Es gibt viel mehr Unterbrechungen und Paraphrasen in der mündlichen Variante, damit der Erzähler sich an alles besser erinnern kann, und eine bessere Erzählung machen kann.
(S2) Mündliche Formen gebrauchen Unterbrechungen, um die Geschichte vorwärts zu treiben. Die schriftlichen Formen gebrauchen Paraphrasen, um unnötige Einzelheiten zu entfernen.

f) bei der Reihenfolge der Ereignisse:

(S1) Die Reihenfolge ist ungefähr gleich.
(S2) In der schriftlichen Form folgen die Ereignisse Schritt für Schritt. Am Anfang der mündlichen Form (von Helgas und Martins Geschichte) weiß der Zuhörer, daß etwas Schlechtes oder Furchtbares passiert ist, bevor die Geschichte es mitteilt.

E. Wie fängt man an? / F. Fortsetzen. It is not necessary in either of these activities for students to have prepared long stories before class. In fact, the more the listeners interrupt with signals and the more signals the teller uses to indicate the story is to continue, the less actual story needs to be told. The emphasis here is on the practice of the signals, which will be employed in later story-telling activities.

H. Wortschatzerweiterung. Have the class compile a list of vocabulary as a preview to the next day's activity (**I. Hände und Gesicht sprechen mit!, J. Rollenspiele**) or as a warm-up on that day. Trying to think of funny or horrible stories or experiences can be hard on students working alone. In pairs or three-to-four person groups students feel more comfortable trying out ideas, and usually generate a creative energy.

I. Hände und Gesicht sprechen mit. Be sure that students have an idea prepared ahead of time. Either use the previous activity **H. Wortschatzerweiterung** as a homework assignment or have pairs work through the activity the day before. Students may feel hampered by having a written version, especially when they try to tell the same story in ever shorter time periods. Keep a watch in hand and cut stories off after 4, 3 and 2 minutes.

K. Wortschatzerweiterung. Try this brainstorming activity with students working in pairs or in groups of four to five. Let pairs compare their results with other pairs. Students can work from their own background knowledge of **Märchen** or you may want to use this activity after having read several **Märchen** with the class. Of course the more international the background of the students, the more variety there will be. You can remind students of other cultural traditions. It can lead into a reading activity such as **L. Erzählrhythmus** or an activity in which students will be making up their own **Märchen** (**N. Erzählblume, O. Kollektives Erzählen und Hören**). It can be a helpful tool for students writing their own **Märchen.**

L. Erzählrhythmus. A variation on this exercise, especially for a class with a few engaging "hams," would be to let different pairs continue one after another. The idea is to make the description just as exciting as the actual plot, using intonation and rhythm. With some practice and perhaps a few good student models, everyone will quickly catch on to the idea. Such an activity can be used as a language lab preparation for a class discussion of a story. Students should work on producing what they feel is a good reading.

M. Erzählen und Beschreiben. We have found this method of telling **Märchen** with second- and third-semester language classes quite successful and exciting for the students. They are able to embellish with all of their own creative efforts, without being too restricted by the actual story. It works well in pairs and in small groups, with two or three people in each group taking over the role of telling or describing. It is a good idea to try an activity such as the previous one, **L. Erzählrhythmus,** beforehand so that students get a sense of what the two roles are supposed to be.

Supplementary Activity

Weitere Erzählung. (alle zusammen) Erfinden Sie mit dem Lehrer zusammen eine andere Geschichte: Die Klasse übernimmt die Rolle des Beschreibers (ein Satz pro Student), der Lehrer die Rolle des Erzählers.

N. Erzählblume. Using a manilla folder or file cards, cut out as many petals as you have students, labeling them in like groups of (8) words. Students should be arranged in groups of four or five; each group gets two to three petals. As one group tells its version of the story, the listeners note down in their books in what context words they also have are used. In the end each group will share the title they have given to their story with the other groups. Discussion should be encouraged!

──────── DAS RECHTE WORT ZUR RECHTEN ZEIT ────────

R.1. Du, da muß ich dir unbedingt erzählen, was mir neulich passiert ist. / Du, weißt du was? Neulich ist was Unglaubliches passiert. / Habe ich dir je die Geschichte von...erzählt?

R.2. Ja? findest du den schön? Die hatten einen Ausverkauf, und der war besonders billig und die Farbe gefiel mir auch so gut...

R.3. Ja, das war auch genauso bei mir, als ich voriges Jahr da war... / So was Ähnliches habe ich auch in Jamaica erlebt:... / Ja, da muß ich Ihnen erzählen, was *mir* in Jamaica passiert ist:... / Da könnte ich Ihnen auch eine Geschichte erzählen.

R.4. Wirklich? Tatsächlich? Ja, ja. Sie meinen, Sie waren allein?.. (Echo)

S.1. Du, entschuldige, daß ich unterbreche, aber es fällt mir gerade ein: weißt du, wen ich gestern getroffen habe?

S.2. Moment, laß mich zu Ende erzählen. / Moment, ich bin gleich fertig mit meiner Geschichte.

S.3. Also, um auf meine Geschichte zurückzukommen... / Also, wie ich vorher sagte... / Darf ich zu Ende erzählen?

KAPITEL 6: Rat holen und Rat geben

A. Peinliche Angelegenheit. The point of the interview suggested here is not so much how the person presents him/herself, but instead how each person tries to keep the conversation going, even when it's hard to know what to say. Before starting, it is a good idea to elicit some of the phrases for "backtracking" and "gaining time" from the students and to write them on the board, so that they can refer to them during the role play.

HÖREN UND VERSTEHEN

We advise you to review the phrases introduced in the exercise on the tape, as well as the *supplementary exercises in the tapescript.* Students should have their books open so that they can refer to the complete list of phrases, the ones used in the actual dialogs and those subsequently introduced. For further suggestions on classroom procedure for **Was kann man noch sagen?** please refer to the Sample Teaching Unit on page 79 of this manual.

H. Probleme, Probleme! For classes larger than ten, divide into two groups. As a drill, have students try out various phrases they have encountered on the tape and that you have gone over in class.

I. Mensch, weißt du was! Pairs of students should first work together to come up with suggestions. Together they will probably risk trying out more outlandish ideas. Give the class three minutes to brainstorm. Then everyone stands up and moves around, trying to sell his/her suggestions to the others. Time limit: 5 minutes. Students should keep notes as to which ideas are most successful, so that the discussion can begin with a listing of the good ideas, followed by strategies that work best.

J. Lieber nicht. Since this activity is structured in the same way—with work in pairs and then group discussion—it can be done together with the previous activity, **I. Mensch, weißt du was!** Make sure that the students differentiate between the two different kinds of advice: what to do and what not to do.

DAS RECHTE WORT ZUR RECHTEN ZEIT

S.1. An deiner Stelle würde ich... / Warum rufst du nicht die Polizei an?
S.2. Du könntest zum Beispiel... / Du solltest wirklich... / Lauf doch jeden Morgen!
S.3. Ja also, das ist alles schön und gut, aber ich mag nun mal Fleisch! / Ich finde nicht, daß du mir da reinreden solltest. / Hör mal, das ist meine Angelegenheit!
T.1. Können Sie mir ein gutes Restaurant empfehlen? — Ja, es kommt darauf an, wie teuer es sein darf. / Also Sie sollen unbedingt das neue vietnamesische Restaurant ausprobieren.
T.2. Ein toller Film! Den mußt du dir unbedingt ansehen!

KAPITEL 7: Verlangen und sich beschweren

Please refer to the notes on **Konversationsspiel** on page 65 of this Instructor's Manual.

HÖREN UND VERSTEHEN

We advise you to review the phrases introduced in the exercise on tape, as well as the *supplementary exercises in the tapescript*. Students should have their books open so that they can refer to the complete list of phrases, the ones used in the actual dialogues and those subsequently introduced. For further suggestions on classroom procedure for **Was kann man noch sagen?** please refer to the Sample Teaching Unit on page 81 of this manual.

In reviewing the gambits and phrases for accepting and refusing an invitation (**Gespräch 3**), be sure to point out the necessity in German of thanking the person first („**Danke schön**" or „**Vielen Dank**") in addition to anything else one might say.

The phrases listed in the book and here in the additional exercise for **Gespräch 4** represent different registers of making a complaint and responding to a complaint. Be sure to carefully mark those expressions that have limited use, and point out situations in which such expressions might be used.

E. Wie soll ich fragen? / F. Hättest du Lust...? / G. Tut mir leid! These guided activities are set up similarly in that one student makes a statement—either a wish, an invitation or a complaint—and another student reacts accordingly, using one of the phrases practiced with the dialogues. The idea of these warm-up activities is to have students try out the phrases which are a highly expected part of the interaction. Each of the activities strictly guides the actual content of what each person says, so that students can concentrate more on how they are saying the phrase. Work carefully on intonation, rhythm and timing.

Try out the different formats to see which feels comfortable for you and for your particular class. Working in threes allows students more privacy, but they may never get beyond their own (American) sense of rhythm and appropriateness. Working in larger groups exposes them to more risk and the chance to make mistakes, but allows them to go beyond an initial experience.

For the larger group in a circle as in **G. Tut mir leid!**, we have had fun and success using a soft object such as a ball of yarn or an old tennis ball, having each complainer throw the ball just as he or she makes the complaint. The receiver in the circle should respond immediately on receiving the ball. Each person's focus will initially be more on the throwing and catching than on the actual phrase, thereby gradually freeing up a more natural sense of rhythm. Keep at it until everyone has found his or her own rhythm.

I. Da stimmt etwas nicht! Have class prepare as a warm-up to **L. Rollenspiele.** The role plays (in **I.**) are supposed to move quickly: keep a watch in hand and stop the pairs after two or three minutes to go on to the next situation. Be sure to discuss either before or after these role plays the register of the language used. You might want to let one student be the "roving reporter" to report back to the class on which figures speak and how.

A variation on these role plays is to ask students to play them again, exchanging partners and giving the interaction a new twist: the **Beamter** or **Bedienung** should try to defend him/herself by responding agressively to the customer.

J. Wortschatzerweiterung. Students should brainstorm in pairs and then compare their results with another pair or with the class. The more input there is, the wider the word associations will reach.

M. Bestellung per Telefon. To continue this activity or to vary the interaction, the **Kunden** can write letters in pairs to the **Verkäufer** or the whole activity can be done in writing between two classes. It will be worthwhile to work on the structure of argumentation that is expected for such letters. Refer to to the next two activities: **N. Beschwerdebrief / O. Antwortbrief.**

N. Beschwerdebrief. / O. Antwortbrief. An alternative to doing these activities at this point is to wait until the class is working on chapter 10, so that the importance of making the arguments sound convincing will not go disregarded. Again, you should let the topic of the reading or film/video assignments that you are using together with *Reden, Mitreden, Dazwischenreden* determine the content of the writing. Our third-semester classes have written wonderful **Beschwerdebriefe** using Dürrenmatts *Besuch der alten Dame*: at the end of Act II Ill writes to the City Hall in Kaffigen to complain about all that has taken place.

P. Beschwerdekasten. Allowing students to complain and make suggestions for the way things are done in class does not have to be as threatening as it may sound. Students should at this time be used to observing each other in pairs or in small groups, and they may have had a chance to do a class observation, such as in the next activity, **Q. Klassenbeobachtung.**

This is a good time to review the "giving advice" activities from chapter 6. If you haven't worked with that chapter yet, give the students the appropriate MEMOS to learn and use one of the activities in **Reden** of that chapter as a warm-up to **P. Beschwerdekasten.**

_____ DAS RECHTE WORT ZUR RECHTEN ZEIT _____

R.1. Es tut mir furchtbar leid; ich habe gestern abend so viel zu tun gehabt, daß ich total vergessen habe, daß ich zu Ihnen kommen sollte! / Ich bin wirklich beschämt; das ist mir noch nie passiert!

R.2. (freundlich) Ist schon gut, das ist mir auch schon passiert; / (unfreundlich) Tja, das kann jeder sagen!

S.1. Tut mir leid, daß ich so spät dran bin / Entschuldigen Sie vielmals, aber da war so viel Verkehr heute morgen. / Ich bitte um Entschuldigung, daß ich so spät komme.

S.2. Schon gut.

T.1. A. Guten Morgen / Tag. Was darf es sein? / Bitte schön? A. Ja, ich hätte gern die Schuhe, die Sie im Schaufenster haben.
B. Danke, ich schaue mich nur um.

T.2. Tja, das muß ich mir noch überlegen.

T.3. Hätten Sie sonst noch einen Wunsch? / Sonst noch einen Wunsch? Danke, das wär's (für heute).

KAPITEL 8: Meinungen äußern, auf Meinungen reagieren

B. GESPRÄCH 1

Have students compare in class the answers they came up with in **Teil B: Was haben sie getan?** We have often used the transcript in class with the teacher and one of the better students reading. The others should interrupt when they hear a phrase signaling the giving of or the response to an opinion. Write these phrases on the board for use with the activities.

You can preface the discussion of this particular dialog with a comment such as: „Helga will offensichtlich ihre Meinung geben, obwohl Jörg gesagt hat, daß er keine Diskussion führen möchte. Wie signalisiert Helga ihre Meinungsäußerung?"

C-D. GESPRÄCHE 2-3

If students can compare their notes for the section **Was haben sie getan?**, they will see that there may be more than one correct answer and they will probably want to discuss how the language in that particular section is being used. Encourage the students to write down questions they may have as they are listening, and then be sure to plan for a debriefing of the listening activity in class the next day.

E. Dafür oder dagegen? It is a good idea to review the useful phrases that are introduced and practiced on the tape, as well as those in the MEMO for this exercise, which can be assigned beforehand. Encourage an effective rhythm and pronunciation. For the exercise, each speaker should take an extreme position, prefacing the opinion and the response with an appropriate phrase. (Students can easily refer to the board, without having to bury their heads in their books.) In pairs one-to-one or in front of the class, S1 will give an opinion (not necessarily in order) and S2 will respond. More than one person can respond at once to add variety, if the whole class works together. Keep the pace moving; leave real debate for later. You may want to return to this exercise for review as a warm-up to the **Debatten** in chapter 10.

F. Was meinst du denn? As in the above exercise, students can interact in pairs alone or with the others actively listening and responding. Speakers do not need to take as extreme positions as in the exercise above.

I. Auf eine Meinung reagieren. This activity is done in three steps. First, each student should think up a position (as controversial as possible) to a chosen topic. Then everyone in the class moves about with questionnaire and pencil in hand. You should also take part in the response, encouraging the use of the phrases practiced in this chapter. Keep everyone moving and limit the time to 5-6 minutes. Finally, each interviewer gives a short summary of the opinions he or she has collected.

Example: (You may want to shorten the activity by handing out possible positions on the topic.)

Mögliche Meinungen zum Thema „Rauchverbot in Flugzeugen":

1. Es ist eine Zumutung, daß Nichtraucher auch mitrauchen müssen.
2. Viele Menschen brauchen Zigaretten als Beruhigungsmittel.

3. Es ist negative Werbung für die Fluggesellschaft, wenn sie das Rauchen nicht gestattet.
4. Jeder soll die Freiheit haben, zu tun was er will, vor allem was individuelle Gewohnheiten anbelangt.
5. Laut singen wäre auch nicht erlaubt: was andere Leute stört, soll nicht erlaubt werden.
6. Bei jedem Flug soll die Mehrheit bestimmen, ob geraucht wird oder nicht.

A variation on this activity is to use a reading, perhaps a novel or a short story you are working with in class. Before class, jot down on slips of paper controversial and personalized opinions dealing with the themes in the reading. Each student will draw an opinion from the pack and then "los!", gathering signatures and opinions. We have tried this variation with such readings as Hermann Hesse's *Demian* with the following list of opinions:

1. Das Ziel des Lebens ist, sich selber zu finden.
2. Die Einsamkeit ist etwas Herrliches.
3. Es nutzt gar nichts zu versuchen, die Welt zu ändern, wenn man sich selbst nicht ändern kann.
4. Erst durch die Einsamkeit lernt man sich selber kennen.
5. Kain war auf jeden Fall ein Mörder, und Mörder sollte man ja nicht bewundern.
6. Wir wären alle viel besser dran, wenn Eva nicht in den Apfel gebissen hätte.
7. Es wäre schön, wenn es die dunkle Welt gar nicht gäbe.
8. Enthaltsamkeit ist der Schlüssel zur Selbsterkenntnis.
9. Ohne Führer kann keiner den Weg zu sich selber finden.

──────── DAS RECHTE WORT ZUR RECHTEN ZEIT ────────

M.1. Tja, ich weiß nicht so recht. Warum gehen wir nicht Chinesisch essen? / Ich hätte Lust auf eine saftige Bratwurst!
M.2. Ach, Kino, weißt du, das ist immer wieder dasselbe! Ich gehe lieber ins Konzert. / Ja, sehr gerne! / Na ja, meinetwegen! / Tut mir leid, aber ich habe noch sehr viel Arbeit zu tun.
M.3. Toller Film! / Prima, der Film! / Den Film fand ich großartig. / Also, ich fand den Film nicht gut: langweilig, (unverständlich, einfach schlecht). / Na ja, ich fand den nur mäßig gut.
M.4. Das finde ich auch. / Ich bin ganz deiner Meinung. / Du hast recht.

KAPITEL 9: Themen einführen, Gespräche steuern

HÖREN UND VERSTEHEN

At this point, if not sooner, it is a good idea to point out to students that an accepted mode of discussion in German (=**argumentieren**) allows and even encourages the speakers to interrupt each other. Each turn at talk may mean that the respective speaker will turn the focus or change the topic. Have students observe "styles" of discussion in English, formal and informal, to see if they can pick up on differences between these and discussions they will hear in German.

„Ziel einer Diskussion ist es, Strittiges zu klären, d.h. jeder Partner muß versuchen, das strittige Behauptungspaar durch die enthaltene eigene Behauptung zu ersetzen." For other rules that define the speech-act (**Argumentation**) see Karl-Heinz Jäger: Zur Argumentation in Texten gesprochener Sprache in *Deutschunterricht* 28/4, 1976.

B. GESPRÄCH 1

Sociocultural note for the 1990s: American students may be surprised to find that two German women find it very conventional (=**spießig**) to get married, even if they intend to have a permanent relationship with a partner.

Exercises for **Teil A,B,C** should be done at home so that students can bring up questions and observations in class. You may want to remind students to repeat the exercises in **Teil C** until they feel comfortable using the phrases in the given context.

C. GESPRÄCH 2

It may become obvious to students that Helga's pat response to almost everything Jörg says is „**Das stimmt.**" She tends to paraphrase what Jörg has just said and leaves it up to him to initiate the next topic. With the class follow up on this observation with a discussion of style and gender role definitions based on further student observations of who initiates topic in the **Gespräche** on the tape.

D. Das Pingpongspiel. / E. Themen ausbauen.
Try both of the activities in **Reden** to familiarize students further with the variety of ways of introducing and controlling the topic. To help students realize the importance of stress and intonation, interact accordingly with each student in as natural fashion as possible. When it is not clear from the delivery what the student is trying to say, be sure to ask for clarification.

F. (See Sample Teaching Unit for this chapter, page 95.)

H. Nicht den Faden verlieren.
Prepare for this activity on a previous day or as a warm-up at the beginning of class with the previous activity, **G. Wortschatzerweiterung.** By doing such activities in German in groups, students will begin automatically to form ideas on the topics and to brainstorm further words or phrases they need. Have students ask each other for additional words or phrases, which they then copy in their books. Any mistakes or variations in the word lists can be worked into the discussion in (**H.**)

Instructor's Notes

J. Auf der gleichen Wellenlänge. If space in the language lab is available, let students record their anecdotes. The speaker and listener might also record his or her comments on tape rather than in writing.

K. Rollenspiele. Topics may vary. Students may want to use topics introduced in the **Wortschatzerweiterung** at the beginning of this section. The observer has the important role of reporting back to the class on what has actually transpired. It is important that the observer has a specific assignment, e.g. to jot down every **Einstiegsversuch** (even ones that are not successful) or the varied participation of the group's members.

L. Wahrheit oder Lüge? You should prepare a simple anecdote ahead of time which is easy to embellish on. Make sure that you include a couple of easy hints at the beginning so that students get the idea of what might be an **Erfindung** or the **Wahrheit.** If the students are good storytellers then the class can be divided into storytelling groups and the activity can be repeated in pairs.

M. Das Lieblingsthema. Have students learn the phrases in the MEMO before coming to class. Be sure to go over pronunciation and questions of usage. Students can prepare a topic at home by making a list of vocabulary and ideas; they should not write out a script. Refer students to their word groupings for the **Wortschatzerweiterung** in this chapter. In preparation for this kind of "free-speaking" activity, it is a good idea to first practice strategies for expanding and changing topics in a more guided format. The activities **D** and **E** of this chapter would work well either on a previous day or at the beginning of the hour.
    Das Ei: Have groups of students read the dialogue out loud and observe the strategies used for developing a nonsense topic. If you can show the film clip, try turning off the volume and letting pairs of students provide their own soundtrack. Or show the film with sound and then have them improvise their own Loriot-style dialog on a different topic.

N. Das Schneeballspiel. Probably works best if *not* prepared at home. Students should brainstorm quickly their own personal definitions: accuracy and completeness are not important. The main point of the activity is the group interaction that happens quite naturally when students have to read a consensus on rank ordering. Students may need to be reminded again that it is the process that counts.
    You may want to tailor this activity to concepts that have come up in readings done with this class or previous classes, such as **Held** (after working with **Märchen,** Hesse's *Demian,* Kafka's *Verwandlung,* Brecht's *Galileo*) or **Gerechtigkeit** (while working with Dürrenmatt's *Der Besuch*).

O. Was nicht gesagt wurde. No preparation is needed for this activity. It would be easiest to have pairs do the recording in the language lab. The entire activity can be done in the language lab so that each pair has relative privacy. After recording the short conversation together, students can work on the transcription and interpretation individually and then compare their notes. Be sure to leave enough time for debriefing between the partners, as well as with the whole class.

P. Was hast du gesagt? Activity should be given as homework and works especially well if students from parallel sections of the course can call each other. Each student needs access to a tape recorder. This exercise can alternatively be done in the language lab and might be done as a follow-up for **O. Was nicht gesagt wurde.** Be sure that students label their cassettes so that when they exchange them with one another the tapes don't get misplaced.

These last two activities should allow students to observe in their own conversations how oral discourse has a very different structure from the texts they are used to reading in written form.

DAS RECHTE WORT ZUR RECHTEN ZEIT

Q.1. Herr/Frau X, darf ich kurz unterbrechen? / Dazu möchte ich etwas sagen... / Entschuldigung wenn ich unterbreche, aber...
Q.2. Ja, darf ich etwas fragen? / Ich möchte etwas hinzufügen.
Q.3. Und du, X., was meinst du? Was sagst du dazu?
R.1. Ja, aber wir sprachen vorhin von Sanierung. Ich meine... / Aber im Hinblick auf die Sanierung, von der Sie vorhin erzählten... / Aber was Sie vorhin gesagt haben über Sanierung...
R.2. Also a propos Kinder, ich finde, ... / Ja das ist es ja gerade: Kinder... / Bei Kindern ist die Sache die:...

SAMPLE TEACHING UNIT - Kapitel 9

Homework:

1. Assign the tape the night before. Students should listen to conversations at least twice: once for the general gist, then to work through the exercises in their books (**Teil A** and **Teil B**) and on the tape (**Teil C**). Students will find the exercises on tape useful for the activities in this chapter.

In class:

Discuss which topics students have identified (exercises in **Teil B**). Then distribute to the class transcripts of **Gespräch 1** and the beginning of **Gespräch 2**. Call on two students to read/play out the scripts in front of the class. Encourage students to interrupt whenever language or intention is unclear or intonation is not appropriate.

2. Together with the whole class identify and list on the board the various phrases found in the dialog for introducing and managing a topic. Title it: **Wie steigt man ein?** or **Einsteigen.** Collect phrases from the text and add others that students might generate from the exercises in **Teil C** on the tape. Be sure to add phrases that you yourself use in such interaction.

(The MEMO list preceding **F. Kurzdebatten** in the text book can be given to students to memorize as preparation.)

Meinung äußern (+)	*zugeben u. kontern:* (+/-)	*energisch kontern:* (-)
Ach, weißt du ...	Das stimmt aber ...	Aber guck mal ...
Also ich meine/denke/finde	Ja aber ...	Aber nein.
(Write Ich glaube on	Das mag wohl sein aber ...	Ach Quatsch!
the board and put a	Du hast vielleicht recht ...	Das ist aber Unsinn.
big X through it!)	Andererseits ...	

Now read aloud the phrases listed on the board with the class. Speak with gusto and correct pronunciation and intonation, noting register and social appropriateness.

F. Kurzdebatten. In pairs students are given one minute to debate *each* of the following topics:

- Heiraten ist doch altmodisch, oder?
- Kinder bekommen? Wozu denn?
- Manche studieren nur deswegen Medizin, weil sie später viel Geld verdienen wollen.
- Das Konkurrenzverhalten kann man am besten lernen, wenn man als Kind viel Leistungssport treibt.

Write topics on the board one at a time. With watch in hand, ask each student-pair to defend the pros and the cons of the most extreme positions possible (of course, NOT of their own opinion!), and to "**einsteigen**", as soon as they disagree and are able to counter the opponent's argument. Cut off abruptly after one minute. Then write the next topic on the board and repeat the exercise.

You will notice that the students often glance at the board to find an appropriate strategy. They become more and more bold and are able to do this quite well. It loosens up the whole class and generates a lot of laughter.

It is our experience that in this kind of warm-up exercise it is far more effective for students to practice the strategies and gambits if they are not trying to stand up for their own deepest beliefs. Try to choose debate topics that can easily be argued from either side. Another variation on this kind of exercise is to have students switch sides after one minute and argue the same point from the other side.

This part of the lesson should take maybe 20 minutes. If you want to go on, you can choose from the activities in the next two sections of chapter 9, which require more extended interaction between pairs or small groups. We have had success continuing from this point to chapter 10, in which students can incorporate **Themensteuerung** in **Debatten**.

KAPITEL 10: Dafür und dagegen argumentieren

GESPRÄCH 1

The exercises for the first text, a political talk, will help the students make a general outline with **Stichwörtern** and identify the words the speaker uses to paint a very black-and-white picture of the situation. In class let students collect from their notes the images and notions the speaker uses. Discuss how the speaker builds up his or her argument. Does he or she use any of the rhetorical devices used in the **Werbespots**?

GESPRÄCH 3

Since a large part of the transcript for this dialog is provided in the student book, you can try having pairs of students read the parts of Helga and Jörg, and let the others observe how timing and tone of voice can change the overall picture. Students can observe how Helga has tried to assert herself to sound convincing; they can compare this conversation with the conversation between the same two speakers in **Meinungen** from chapter 8. As none of the taped dialogs were tightly scripted, they are indicative of how people actually speak in a variety of situations. The dialogs in the last three chapters are especially natural and true to life.

E. Werbespot. Students usually have a lot of fun with this activity. You might want to bring in an assortment of magazine and newspaper ads or ask students to bring in their own (see suggestion below). Make sure that students keep in mind their customers, for instance the West German **Kleinbürger** or **Intelligentsia,** so that it is indeed a cross-cultural activity. Otherwise, students are likely to come up with American ads which they just try to translate. If time and equipment are available, each group can record their advertisement on audio or video tape.

Supplementary Activity

Auf die Jagd. Suchen Sie in einer deutschen Zeitschrift eine Reklame. Bringen Sie sie in die Klasse und analysieren Sie, wie der Leser in Wort, Bild und Farbe von der Qualität des Produkts überzeugt werden soll.

I - N. Debatten. Although American students may not be familiar with the typical form of the German debate as it is described in (**K.**), we have found that they get into it easily and eagerly. Be sure to work on interruption strategies and topic management in building up to this activity. Strategies developed in chapters 8 and 9 will be especially useful.

    The suggested topics we have found are often springboards for students' ideas for new topics. Have students pair up or, if there is an uneven number of students, have a group of three or assign one of the stronger students to double up and play the second role. Arrange the sequence of topics with student input.

    On the day of the debate, list the topics for the day on the board. Each debate should take a total of ten minutes: four for the debate; five for a class free-for-all discussion to let the audience pick up on some of the arguments in support of one side or the other; and a final one-minute review by the teacher to highlight how the topics were managed (who spoke, and when and how the topic or argument was introduced). In a fifty-minute class you should have time for four or five debate teams. We have found that students tend to just keep talking, without necessarily trying to get to their point, unless the time for debate is kept short. After three minutes have a timekeeper give a signal indicating either that the team should finish immediately or that they can continue for one additional minute. If each debater is trying to make three points in three minutes, there is likely to be lively interruption and energetic argumentation.

You should by no means try to intervene to correct or make suggestions, nor should you or the students act as a resource during the debate. Warn the debaters to prepare their arguments carefully, and to make a list of all the necessary vocabulary they will need. This is a good exercise in self-control for the students. If you want to work on grammar or vocabulary, arrange for postdebate meetings with individual students.

During the debate, keep track of how the topics are being managed, taking notes on who introduces which topics with which **Redemittel**. Draw conclusions from your notes when you sum up at the end of each debate. The idea is to give the students a dispassionate and factual analysis of what occurred in the debate. Keep a diary for yourself of successful topics, noteworthy interaction patterns and arguments, and difficulties that students have, for future reference with other classes.

Here is an excerpt from our diaries, in which just the names have been altered. It is a wonderful case study of one debate that came to a stalemate. Topic: „Fernsehen, gut für Kinder oder nicht?"

Frank and Sally, two students from a fourth semester German class, had chosen each other as debate partners. The following dialog was reconstituted by the teacher after class. It is not a verbatim transcription.

Frank: Also Sally ich bin fürs TV für Kinder. Ich finde, es ist ein ausgezeichnetes Erziehungsmittel. Die Straßen sind gefährlicher denn je geworden, es ist viel sicherer, die Kinder bleiben zu Hause und sehen fern.

Sally: Aber sie lesen dann nie,...

Frank: Ach lesen! Wer will denn lesen! Die ollen Bücher! Spaß, Gewalt, Aktion, das wollen die Kinder und wenn sie sie im TV sehen, dann brauchen sie sie nicht mehr im wirklichen Leben zu vollführen. Drogen, Morde, das alles können sie im TV erleben, ohne sie ausführen zu müssen nachher.

Sally: Aber diese ganze Werbung, das ist doch schlecht für Kinder...

Frank: Wieso schlecht? Wir sind doch kein kommunistisches Land, wo es überhaupt keine Werbung gibt. Die Kinder müssen sich informieren über die Produkte, die es gibt.

Sally: Aber es sind doch nur Kinder! ...

Frank: Ach was, gerade deswegen: sie müssen früh lernen, was sie kaufen sollen, wenn sie groß sind. Das TV hier erfüllt eine wichtige Funktion: Erziehung zum Kapitalismus. Verkaufen, verkaufen, verkaufen: das müssen sie so früh wie möglich lernen, sonst wird es ihnen schwer sein, hier zu leben.

Sally: (total sprachlos)

Frank: (mit ernsthafter Miene und ganz ruhiger Stimme) Siehst du nicht, wie wichtig das ist, daß Kinder so viel fernsehen, wie nur möglich? Sie lernen, wie das amerikanische Leben wirklich ist, (etc. etc)

Sally became totally distraught, looked at him with ever wider eyes, dropped her mouth, and was about to cry. The other students, too, were looking at me and becoming very embarrassed. I first didn't want to intervene, because Frank was playing his role well and I was only waiting for Sally to blow her top as Frank's arguments were getting more and more extreme. But, as this was not happening, I decided to intervene and said: „Sally, du darfst dich nicht ins Bockshorn jagen lassen! Siehst du nicht, das ist ganz großer Quatsch, was er sagt! Rege dich doch darüber auf!" which suddenly cleared the air somewhat. She looked at me gratefully and tried to pick herself up, but Frank responded in the same vein and the debate petered out.

The discussion afterward was the most interesting part. One student asked Frank in a low voice whether he believed in what he had just said. Frank answered calmly and perhaps with embarrassment, „Aber nein, im Grunde wäre ich eher der entgegengesetzten Meinung!" The students were fascinated by the dynamics of the debate.

We came to the conclusion that the reason why no communication was possible was that they were approaching the topic from two different angles: Sally was intent on defending the child's perspective in the debate, and Frank was intent on taking a provocative and extreme position for the sake of the argument. Both approaches were justifed.

It was important at this point to let students talk about the conversation, in other words to use the opportunity to discuss in German how to manage conversation. The two approaches were both justifed, but did not allow for an exchange of views. The only way to return to a more cooperative mode of conversation would have been for either of the two to explicitly state the approaches they were taking. For example, Sally's statement, "You can't be serious, you are just saying this for the sake of the argument" is the typical rhetorical bind in which students can find themselves, even in their mother tongue.

O. Wortschatzerweiterung. Such realia can readily be found in newspapers from the German-speaking countries: start collecting, (or have students collect from a variety of media sources) so that you can try a different social, political, or cultural issue. In chapter 7 there is further realia to the topic **"Lärmverordnung"** for the activity **N. Beschwerdebrief**. Students may be interested to see the cultural differences between the USA and the FRG and how each deals with environmental problems.

NOISE POLLUTION SOLUTION

If you have ever had difficulty in obtaining a good night's sleep because of a loud neighbor or a dripping water faucet, you will want to own our new *Sound Conditioner*®.

Our new electro-mechanical unit synthesizes the realistic sounds of a gentle waterfall or the pounding surf. Other sound conditioners use a transistor circuit to approximate these sounds which are more like radio static to most people. A dual speed and volume control allows you to reproduce these sounds in a range most relaxing to you.

Tests at a sleep research lab of a major university indicated that individuals using sound conditioning got to sleep quicker, slept longer and received about 50% more Delta (Stage 4) deep sleep than those who did not use one.

Measures 3" x 6". Weighs 1 lb. Plugs into standard AC wall outlet. One year warranty. Get the deep sleep and relaxtion you need — order our new *Sound Conditioner* today.
■ Sound Conditioner SS#10 $49.95 (4.95)

Order toll-free 24 hrs. a day
800-950-5432
RYANS®
B Y ◆ M A I L
23010 Lake Forest Dr., Suite D321
Laguna Hills, CA 92653

P. Heißes Thema. In preparation for this activity, allow time the previous day to read through the description and work with any reading or realia on the topic. Have students form two groups (pro and con) for each topic to discuss their **Standpunkt.** Have the four groups sit in separate rooms or use the hall so that they do not overhear the others' strategies. In each of the **Bürgerinitiativen** distribute the roles among the students and assign each (a) to prepare two or three **Argumente,** a first sentence and a last sentence for a two-minute presentation. The next day let the groups meet briefly to coordinate their presentations and to make sure that they agree on the arguments for the case. To present his/her arguments to the **Stadträte** (the students from the other **Projekt**), each speaker should (b) get up in front of the others and speak as eloquently as possible: time limit is two minutes per speaker. The **Stadträte** should give an analysis after their final decision, in order to discuss effective strategies. You may want to use a tape recorder or a video camera, so that the class can review the segments they want to discuss.

Beteiligung der Bürger an der Bauleitplanung

BERLIN

Bezirk Tempelhof

Um die Kolonie „Papestraße" langfristig zu erhalten, ist die Umwandlung in Dauerkleingärten geplant. Durch verbreiterte Wege und ergänzende Grünflächen soll die Zugänglichkeit für die Allgemeinheit verbessert werden. Außerdem soll in diesem Bereich der endgültige Ausbau der General-Pape-Straße geregelt werden.

Das Bezirksamt Tempelhof hat am 17.12.84 die Aufstellung des Bebauungsplans XIII-240 beschlossen, der die Rechtsgrundlage für diese Maßnahmen bilden soll (s. Planausschnitt). Gleichzeitig wird in diesem Bereich eine Änderung des Flächennutzungsplans erforderlich.

Der Senator für Stadtentwicklung und Umweltschutz und das Bezirksamt Tempelhof stellen für beide Bauleitplan-Verfahren Entwürfe und Unterlagen aus. An dieser Darlegung und Anhörung können sich alle Bürger beteiligen. Ihre Äußerungen werden in die weiteren Verfahren einfließen. Dies sieht das Bundesbaugesetz in § 2 a Absatz 2 vor.

Ort: Rathaus Tempelhof, Tempelhofer Damm 165, 1000 Berlin 42, Stadtplanungsamt, Zimmer 332.

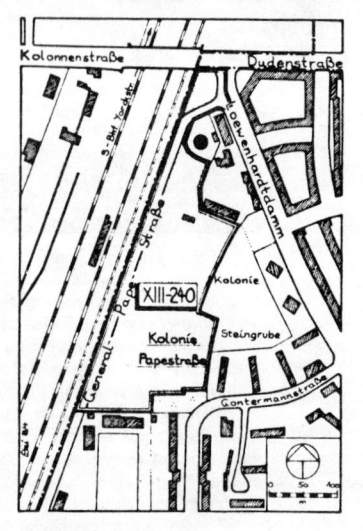

Zeit: Vom 21. Januar bis 21. Februar 1985, Montag bis Freitag von 9-15 Uhr, Donnerstag 9-18 Uhr sowie nach telefonischer Vereinbarung. Telefon 75 60-396.

Supplementary Activity

Atomschutzbunker Freiburg. The following activity is based on an actual letter which was mailed publically in the city of Freiburg in the FRG, as a political commentary by a peace organization. Since it was printed on official stationary, the first impression is that it is in fact a real offer. If you play this simulation game in class, we would suggest that at least postactivity discussion look at the provocative argumentation used in the letter and the peace movement as an issue in the German-speaking countries. We have found that students prefer to treat the whole issue as a science fiction scenario rather than as a realistic event, which they find too serious.

Im Januar 1982 steckte die Friedensbewegung Freiburg im Breisgau folgenden Brief in die Briefkästen aller Haushalte der Stadt Freiburg. Die Bürger waren aufgefordert, für den Fall eines Nuklearkrieges einen Platz im Atomschutzbunker für sich und ihre Familie zu beantragen. Da schon 100 Plätze für Experten und Repräsentanten der Stadt reserviert seien, sei dringend geraten, sich um die noch übrigen Plätze zu bewerben. Obwohl der Fall, der in diesem Brief dargestellt wird, *fingiert* war, war er plausibel genug, um die Freiburger zu erschüttern und sie vor den Folgen eines nuklearen Kriegs zu warnen.

STADT FREIBURG IM BREISGAU
AMT FÜR ZIVILSCHUTZ

An alle
Haushalte der
Stadt Freiburg
                                    25. Januar 1982

Liebe Mitbürgerinnen, liebe Mitbürger !

Aufgrundder geplanten Stationierung neuer atomarer Mittelstreckenwaffen in Süddeutschland ist die Stadt Freiburg verpflichtet, den Schutz der Bevölkerung zu sichern, da auch die Region Freiburg im Falle eines militärischen Konflikts besonders betroffen wäre. Bei einem gegnerischen Atomschlag wären aufgrund der Nähe von bedeutenden militärischen Zielen (Militärflughafen Bremgarten ca. 20 km entfernt sowie die Atomkraftwerke Fessenheim und das geplante in Wyhl) schwere Auswirkungen auf die Stadt Freiburg zu befürchten.

Für die Aufrechterhaltung der städtischen Ordnung, Verwaltung und Organisation des Katastrophenschutzes müssen einige 100 Plätze für Experten und Repräsentanten der Stadt reserviert bleiben. Wir sind also gezwungen, für die Zuteilung der restlichen Plätze eine Dringlichkeitsliste zu erstellen.

Nur wer im voraus Anspruch auf einen Platz im Bunker angemeldet hat, kann im Ernstfall mit der Zuteilung eines Platzes rechnen. Um die Dringlichkeitsliste erstellen zu können, bitten wir Sie um Ihre Mitarbeit.

Füllen Sie bitte den beiliegenden Abschnitt aus und senden ihn an das Amt für Zivilschutz, Im Bohrer 26, 7800 Freiburg. Sollten Sie noch weitere Fragen haben, so stehen wir Ihnen gerne zur Verfügung.

Name, Vorname:

Geburtsdatum:

Adresse :

Alter:

Beruf:

Familienstand:

Anzahl der Kinder :

Staatsangehörigkeitsnachweis:

Polizeiliches Führungszeugnis:

Hiermit bitte ich um Zuteilung eines Platzes im geplanten Atomschutzbunker Freiburg für mich und meine Familienangehörigen.

Datum/Ort:

                    (Unterschrift)

Spielen wir jetzt das in diesem Brief beschriebene Szenario. Drei Studenten bilden die Atomschutzkommission, die Kandidaten für die Zulassung zum Atomschutzbunker interviewt. In Gruppen zu dritt bewerben Sie sich nun um einen Platz für sich und Ihre Familie. Nur eine Dreiergruppe wird zugelassen; die Kommission soll entscheiden, welche. Während die Kandidatengruppen Ihre Argumente erarbeiten, überlegen sich die Mitglieder der Atomschutzkommission, welchen Kandidaten sie einen Platz im Bunker geben sollen.

ATOMSCHUTZKOMMISSION

Jeder Kandidat hat fünf Minuten Zeit, um Ihnen seine Argumente vorzubringen, d.h. zwei Minuten für eine allgemeine persönliche Stellungnahme, dann drei Minuten für drei Fragen, die Sie ihm/ihr stellen dürfen. Da die Menschen, denen Sie einen Platz im Bunker geben werden, möglicherweise die einzigen überlebenden eines Nuklearkriegs sein werden, wollen Sie sicherstellen, daß es die „richtigen" sind.

Bereiten Sie eine Liste von Fragen vor, die Sie für wichtig halten, und auf die die Kandidaten sich nicht vorbereiten können. Diese Fragen beziehen sich zum Beispiel auf die politische, soziale, religiöse oder moralische Gesinnung der Kandidaten (z.B. „Was halten Sie von der Todesstrafe?").

Fragen der Atomschutzkommission

___

KANDIDATEN

Entscheiden Sie, wer jeder in Ihrer Gruppe ist: Alter, Personalien, Beruf (Landwirt, Bauingenieur, Schlosser, Künstler usw.), was Sie als Einzelner und als Gruppe anzubieten haben, und warum Ihre Gruppe den freien Platz im Bunker erhalten soll. Jeder wird zwei Minuten lang reden müssen (möglichst freie Rede!) und dann auf drei Fragen der Atomschutzkommission antworten müssen.

Schreiben Sie hier den Anfangs- und Schlußsatz, sowie stichwortartig den Inhalt Ihrer Rede nieder:

___

SITZUNG

Es wird durch Los entschieden, in welcher Reihenfolge die Gruppen vortreten. Während eine Gruppe Ihren Antrag stellt, gibt jedes Kommissionsmitglied 1 bis 10 Punkte für jede Stellungnahme und für jede frei formulierte Antwort auf die gestellten Fragen.

BERATUNG

Während die Kommission entscheidet, welcher Gruppe der Platz im Bunker gegeben wird, besprechen die Kandidaten die Fragen, die Ihnen von der Kommission gestellt wurden. Waren Sie berechtigt? *Fair?*

ZULASSUNGSENTSCHEID

Die Kommission gibt jetzt ihre Entscheidung bekannt und begründet sie.

———— DAS RECHTE WORT ZUR RECHTEN ZEIT ————

This section has not been included in chapter 10 since the strategies involved in debates and argumentation draw on many different strategies from previous chapters, like opinion giving, complaining, suggesting, organizing, etc. To test this section, we have used the oral debates as final semester projects.

Part 4
Evaluating and testing communicative ability

PREPARING FOR ORAL TESTS

Students have traditionally learned how to converse in German by memorizing lists of German words and their English equivalents, and by thinking of things to say in English and then stringing the words together to make German sentences. They are not used to thinking of conversation as a collaborative effort between two or more speakers. Thus, you first want to sensitize them to the fundamentals of spoken communication.

What one speaker says depends on what the other speaker has said. A response is a direct reaction to a statement and has to "fit" the perceived intentions of the previous speaker. For example, if someone tells you he or she has found $50 on the street, he or she expects some reaction of surprise or admiration, and you are obligated to show such feelings.

A lot of what is said in everyday conversation is made of routinely used, formulaic sentence elements that serve as interpersonal social "glue." They have a purely contact maintenance function. They are not created anew by every speaker in every situation. For example, after the remark, "He could have called me!," the commiserating rejoinder "Yeah, really," or "You're absolutely right" shows the empathy expected by the first speaker, without the obligation for the listener to generate an original response.

Informal conversation is systematically redundant. You don't say things once, you bounce them back and forth with your conversational partner, echo them, paraphrase and expand them, comment on them. For example:

A: It's really gotten cold, hasn't it!
B: Yeah, and it's only September.
A: Pretty cold for September.
B: Much too early. I hope it gets warm again.

Successful conversation requires good listening skills and the willingness and ability to fully understand what the other speaker has said. It means requesting as much clarification, explanation, or repetition as is necessary to give a response that matches the intentions of the other speaker. For example, if A says: "Where do you come from?," B is expected to say something like "You mean now or originally?" if there is any doubt in his mind about the intent of the question.

Although the **Redemittel** have been highlighted in the book and should be practiced individually for the right speed and intonation, they cannot be simply learned as isolated vocabulary items to be used at random. Acquiring spoken communication strategies requires a different mode of learning. The following advice should be useful to your students.

- Listen to the taped conversations with the transcript and focus your attention on the prefabricated parts of speech. Notice the rhythm, the intonation, and speed at which they are used. Listen to the same conversation repeatedly without the transcript (in the morning as you're getting dressed, at night as you're fixing dinner), get used to the "music" of the conversation, the pitch, the sound. Try to replicate the gambits you have noted by imagining yourself in other situational contexts with other topics of conversation.
- Discuss your intended outcome with the teacher by use of a given strategy, *e.g.,* gaining time, saving face, showing emotion, displaying politeness, etc.
- Use any of the strategies you have learned at the **earliest possible opportunity,** whether in or out of class, during the course of the lesson or in role plays designed specifically by the teacher to practice those strategies. Don't wait for a context to present itself — create one!

Self-evaluation. Before testing or grading communicative proficiency, it is essential that the students have had the opportunity to practice the various communicative strategies in authentic or simulated situations while observing and evaluating each other. This can be done in small groups or with the whole class. Social behavior in the foreign language must be explicitly discussed in a non-normative, non-judgmental spirit of mutual trust and understanding. Thus behavioral options can be offered which the student may or may not choose to take — according to how much they are able or willing to adopt the verbal behavior of German speakers in natural settings.

Observing the teacher. Select one student to observe how you manage topics in the course of the lesson. How do you react to your students' statements:

positive reactions	**negative reactions**
e.g.	*e.g.* . . . .

How does the teacher change topics? How does he or she start the lesson? How does he or she end it? Has the teacher used English during the lesson? How could he or she have said that in German?

English	**German equivalent**
_____	_____

At the end of the lesson, discuss the strategies used.

Observing fellow students. Students should note how their fellow students take the floor during the course of the lesson to display knowledge, ask for information, request clarification, express an opinion, complain, and make a suggestion. If one function is overused, you should discuss other functions that could be activated and idiomatic gambits that are appropriate for the classroom situation and the register you wish to use with your students.

Evaluation of role-play. Simultaneous role play with peer observers can be useful. The value of role play or a small group activity will be greatly enhanced if for each group one peer observer notes down the way participants have fulfilled the appropriate functions and reports it to the whole class in a subsequent ten-minute debriefing session. This will give you the opportunity to review the verbal strategies once more, add others that could have been used also, and make comments about the general management of the situation by the students.

Role play in front of the whole class is another useful evaluative tool. Select three members of a peer jury to observe groups of two or three in role play activities. Like in diving competitions, each member of the jury gives a one to ten rating on overall fluency of interaction, appropriateness to situation, and accuracy of grammar and vocabulary, and holds up the rating at the same time as the other jury members. The group with the highest rating wins. The activity should of course be repeated with different group combinations.

Group discussion with whole class observers. You may choose one of the small groups you observed during simultaneous plays or discussion debates and ask those students to conduct a similar activity in front of the class. Divide the class into three groups. The first group is to observe the way the speakers take turns, the second group should note the management of the topics, the third, the way linguistic errors are corrected and repairs in communication are performed. Have the observers fill out their respective grids as they go along.

Group 1: Please note down as much as you can of how the speakers take turns. The important thing is not what they say, but who addresses whom, how, and how often.

Names of speakers: _____ _____

Speaker	Addressee	Previous speaker	How floor is taken
-------	---------	----------------	-------------------
-------	---------	----------------	-------------------

Synthesis: How did each of the speakers participate in the conversation?

Group 2: Please note down in as much detail as possible the way the speakers manage the topic of this conversation. Here are some strategies they are likely to use:

1. show with words that they are listening ("really," "yeah")
2. ask for clarification ("what do you mean")
3. offer help ("you mean: . . . ")
4. repeat themselves to gain time
5. ask for help ("how do you say")
6. bring in new topic
7. echo or quote other speaker's utterance
8. comment ("you're right")
9. throw the ball back with question ("why do you say that")
10. summarize what has been said before

Note both the words they use and what strategies these words are serving.

Names of speakers: _____ _____

Speaker	What was said	What was done
---------	-------------	-------------
---------	-------------	-------------

Synthesis: How did each of the speakers participate in the conversation?
(What strategies did each one tend to use most?)

Group 3: Please note the instances where you felt there was misunderstanding or miscommunication among the speakers. Write down how the misunderstanding was repaired. Also make a note of any grammatical or vocabulary error you think the speakers have made. Note down the wrong word and its correction, and if the error was corrected either by the speaker or by the listeners.

Names of speakers: _____ _____

Speaker	Misunderstanding	Repair	Error	Correction
-----------	----------------	-------	------------	----------------
-----------	----------------	-------	------------	----------------

Synthesis: How did each of the speakers participate in the conversation?

Each group should then discuss their observations with the conversational partners, who compare them with their own perception of the turn-taking, topic management, and repairs. Such an honest and open "conversation on the conversation" sensitizes students to the complex nature of interpersonal interaction and opens up possibilities for change.

A remark is in order. A debriefing of this kind can be done totally in the foreign language; in fact it requires much less specialized vocabulary than the specific nomenclature needed to explain grammar in the foreign language. What the students typically need to say are things like: "You spoke so long, I could not say what I wanted to say;" "I wanted to say X, but I didn't have the word;" "Why didn't you answer my question;" "X said everything I wanted to say," etc. It is the experience of this author that "talking about talk" can create bonds of mutual understanding in the classroom, demystify the difficulties of conversing in a foreign language, and serve as a catalyst for developing communication skills.

TESTING THE USE OF COMMUNICATIVE STRATEGIES

The sensitization to the interactional aspects of spoken German and the training in the use of communicative strategies offered by the activities in this book cannot be measured by traditional tests of grammatical or lexical competence. Communication strategies can only be tested in specific situational and interpersonal contexts. Your assessment of the degree of cultural "appropriateness" of a given communication strategy will depend on how much you want your students to conform to certain rules of behavior for native speakers. There is at this time a lot of disagreement among foreign language educators as to what one should require of students and to what extent they should temporarily be able to adopt behaviors that meet the expectations of native speakers talking with one another. It is the belief of the authors of *Reden, Mitreden, Dazwischenreden* that at least the rudiments of behavior expected from native speakers should be taught and tested.

The appropriate use of a given strategy is not only ensured by the right enunciation of a given verbal expression, it is also determined by the accuracy and fluency of its delivery, and by the way it fits with the general thrust of the conversation. Except for fixed routine expressions, there is no single "best" way of fulfilling a given function. Evaluation of the student's use of communication strategies is thus bound to contain a large measure of subjectivity on your part for which you should not feel apologetic. Yours will often be a global assessment of a certain social behavior in the foreign language and your criteria are as good as any other native speaker's or near-native speaker's.

You should, however, be aware that a student's interactional competence is very much affected by the choice of topic, the personality of the other conversational partner, the function to be fulfilled, and the number of participants in the conversation. For example, some students are just not inspired by such topics as shopping or sports; a usually quite talkative student might be reduced to silence by an overwhelmingly extroverted conversational partner; another might be good at arguing and debating but may feel incapable of verbalizing emotions. You will be well advised to test your students three or four times during the term with different partners and on different topics.

Testing the use of communication strategies can be done in three different ways.

TESTING ETIQUETTE PROFICIENCY.

Appropriate rejoinders in routine situations can be tested either with a written or semi-oral test, with single or multiple-choice responses. Suggestions are listed below:

- **The right word at the right time.** *On the telephone:* You want to call X. You dial the number. What do you say? X is not there. You want to leave a message. What do you say? X tells you he is leaving tomorrow for Mexico. What do you wish him? *On the street:* You meet a friend you haven't seen for a long time. What do you say? *At a party:* You thank the host at the end of the party. What do you say? *At the store:* You only want to look around. What do you say? In the classroom: You haven't heard what the teacher said. What do you say?

- **The right answer at the right time.** *On the telephone:* "This is Mrs. X. May I speak to Mr. Y? Mr. Y: _____. *On the street:* A stranger asks the way to the museum. You: (you don't know, but give a polite answer) _____. *At a party:* Host: May I introduce you to X? X, this is Y. Y: _____. *At the store:* Salesperson: May I help you? You: (not interested in buying anything—courteous answer) _____.

Responses are graded according to whether the student has recognized that this is a routine formulaic exchange, has understood the intended meaning and has kept the appropriate social distance (**Sie-du** etc.). For example, if A says to B: "Thank you for lending me that book," it would be inappropriate for B not to respond, or to say "Why are you thanking me?" Rather, A's "thank you" calls for a simple, "You're welcome." Similarly, the use of **Frau** calls for **Sie** not **du**.

TESTING FUNCTIONAL ABILITY

The ability to speak as required by the situation can be tested as verbal action and reaction, either orally or in writing.

Students are tested individually for oral ability in your office, or in class while others do other assignments. The student draws from a pack of situation cards that specify the setting (**Where**), the speaker (**Who**), the preceding events (**When, Why**), the function (**What**) to be fulfilled, and the socially appropriate tone of the exchange (**How**). Students may be asked to act out both roles, or only one.

Example 1:
Where: At the supermarket
Who: Cashier and customer
When, Why: Cashier has returned the wrong change.
What: Customer complains politely, cashier responds with excuse, offers to repair the situation.
How: Usual social distance between employee and customer. Customer may show irritation or impatience or just remain courteous; employee has to remain courteous and helpful.

Example 2:
Where: At the tourist information booth
Who: Employee and tourist
When, Why: Tourist has just arrived in unknown town, employee is competent and helpful.
What: Tourist asks for information about the town, employee provides the requested information and/or asks for clarification of tourist's intentions.

Example 3:
Where: On campus

Who: You and your friend meet an old acquaintance of yours.
When, Why: You bump into X, whom you haven't seen for a long time, in the main corridor.
What: You greet X and introduce your friend to him or her.
How: You are very happy to see X again, with whom you are on familiar terms. Usual social distance between your friend and X, since they don't yet know each other.

Students are given two minutes to think of what to say and how to say it, then they play one and/or the other role with you, the teacher, as the other speaker.

Students can also be evaluated by means of a written test. Students have to write short dialogs illustrating the desired function in different situations. Be sure to specify the appropriate tone for the exchange. Example:

Function: express and react to complaints

Example 1:
Where: Dorm
Who: Two roommates
Why: B borrowed A's bicycle, it got stolen because B forgot to lock it.
How: A and B are good friends and can afford to be frank with one another. A does not mince his words, B is extremely embarrassed and apologetic, offers excuses and a possible repair to the situation.

Example 2:
Where: Garage
Who: Auto mechanic, car owner
Why: Car was brought in six weeks ago for repair, and it is still not fixed.
How: Customer is irate, has come in several times, wants to bring car to other garage if not repaired immediately. Auto mechanic remains courteous at all times, explains the reasons for the delay, offers excuses, and suggests calling the boss.

In both types of tests, the grade should be determined by the following factors:

Oral Test	**Written Test**
fluency/intonation	grammatical accuracy
idiomatic language use	idiomatic language use
appropriateness to situation	appropriateness to situation

It is our experience that in role play, students either underestimate their responsibility to adopt the register appropriate for the role and the situation, or they are simply ignorant of the social distance that is appropriate, as between an auto mechanic and a customer in the target culture. You should make fully clear that they should not behave any way they fancy, but that these are roles to be played in accordance with specific social and cultural expectations.

TESTING INTERACTIONAL COMPETENCE

Beyond mastery of appropriate gambits in appropriate situations, and the individual ability to recognize and respond to as well as to express communicative intents in context, there is a more global competency that the activities in this book are designed to develop. Called discourse management aptitude by some, strategic ability by others, it refers to the way in which conversational partners know how to build on each other's input to push the conversation forward—drawing inferences from what the other speaker has said, showing interest by asking further questions, clarification by paraphrasing or repeating what one has understood, referring to shared knowledge, finding transitions from what the other has said to what one wants to say, and veering the topic to avoid repeating oneself. Interactional skills such as these introduce the necessary coherence in the flow of the conversation; they ensure smooth communication and help overcome linguistic difficulties.

The intent of each communicative strategy practiced in *Reden, Mitreden, Dazwischenreden* is the development of such interactional competence. Oral testing can occur in groups of two or more, either face-to-face in your presence, or with recorded cassettes for evaluation, or both. You may want to let the students at first choose their partner. Students have ten minutes to prepare themselves individually and note the vocabulary or gambits they want to be sure to use. They may not rehearse together. They are then given a strict time limit of two minutes for a situational role play, or three minutes for a topic discussion. They may look at their notes while talking. You have told them ahead of time that you will give each team three ratings on a scale of one to ten for the following abilities:

1. Functional ability. Students should be able to recognize what kind of verbal behavior a given situation calls for and to fulfill the required speech function appropriately, by using both the right register and the right tone. They should open and close the conversation in the appropriate manner.

2. Interactional competence. This rating should reflect the student's abilities to push the conversation forward. Monologues are frustrating for the listener, who doesn't feel acknowledged or valued; they constitute an undue imposition on the conversational partner who has to manage the conversation single-handedly. Each student on a team gets the team's rating.

3. Grammatical accuracy and fluency. The rating will reflect the degree of comprehensibility and the flow of speech. Too many grammatical errors irritate the listener and detract from the message a speaker wants to bring across. Too slow a delivery makes the listener lose the thread of the conversation.

Interactional competence is not a fifth skill that students can start developing once they have mastered grammatical structures, content vocabulary, situational gambits, and basic communicative functions. In fact, because the whole format of *Reden, Mitreden, Dazwischenreden* is interactional and every chapter introduces interactional strategies, the students are gradually given the building blocks of an interactional competence that should be emphasized and tested at every stage. In the beginning you might give a top rating for at least two pairs of coherent utterances in a role play involving two speakers. For example, you would give the A/B team ten points out of ten for interactional competence in the following exchange, defined within the parameters given above:

(In the garage: A is a car mechanic, B, an angry customer)

A: Hello, what's happened to my car?
B: What do you mean "What's happened to your car?"
A: I brought it in six weeks ago and it's still not ready!
B: Well then it should really be ready. Let me look! or Oh, I'm sorry to hear that. Let me check.

This exchange in which A and B nicely build up on each other's intentions could be diagrammed as follows:

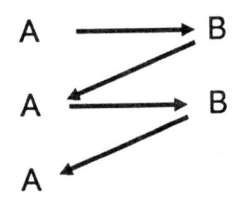

By contrast you would want to give only five points out of ten to the following C/D exchange: (same situation)

C: Hello, what's happened to my car?
D: I don't know.
C: What's happened to my car? (louder)
D: You're crazy!

C would only get seven out of ten points because he repeats himself instead of clarifying his request or complaint. D would get three out of ten points for a non-collaborative behavior which would be quite insulting in the target culture. The diagram for this exchange might look something like this:

```
C ―――→ D
C ―――→ D
C
```

CONCLUSION

Testing the use of communicative strategies means testing social behavior. Students have not been used to thinking of language use in these terms. For most of them, the goal is to say as much as they can, as correctly as they can. However, you cannot test social behavior if you have not first sensitized the students to the cultural differences in communicative strategies and discussed these differences through observation and evaluation. Only then can you require them to temporarily enter another cultural persona, and adopt a conversational behavior that is foreign to them (*e.g.*, interrupt even if they never interrupt in their mother tongue), or role play a tourist in a hotel even if they have never had to deal with hotel management in their own culture.

Answers to "Fragen Sie Frau Barbara" Letters
(Kapitel 6, Übung 0)

Dr. Holm: Eine zu starke Liebe zur Mutter kann tatsäschlich die Harmonie innerhalb einer Ehe zerstören. Wenn Sie wirklich immer nur die Nummer 2 in seinem Leben sind und Ihr Freund nicht in der Lage ist, dies selbst zu ändern, rate ich Ihnen, gemeinsam zu einem Eheberater zu gehen, um abzuklären, ob diese Muter-Sohn-Verbindung noch zu entknoten ist und ob eine Eheschließung unter den gegebenen Voraussetzungen überhaupt derzeit sinnvoll wäre. Sie sind noch jung genug, um abzuwarten, wie sich die Umstände entwickeln. Wenn sich etwas ändern soll, dann müssen Sie beide etwas dafür tun. Machen Sie ihm deutlich, daß Sie nicht bereit sind, Ihr Leben lang hinter seiner Mutter zurückzustehen.

ANTWORT: Wenn Du Dich etwas umsiehst, entdeckst Du bestimmt gemeinsame Bekannte. Entweder kannst Du Dich ihm mit ihrer Hilfe nähern oder Du erforscht genauer, was er nachmittags treibt, seine interessen, seine Hobbys. Da findest Du sicher etwas, das Dich auch interessiert. Das wäre ein Anknüpfungspunkt für eine nähere Bekanntschaft. Eine gute Gelegenheit ihn anzusprechen, würden auch Veranstaltungen in der Schule bieten, z. B. Partys oder Interessengruppen. Sowie Du etwas herausfindest, das Euch beide verbindet oder angeht, hast Du einen sachlichen Vorwand, ihn anzusprechen. Du kannst dann die Initiative ergreifen, ohne mit der Tür ins Haus zu fallen. Sei aber nicht zu enttäuscht, wenn er sich nicht in Dich verliebt und über den ersten Anlauf hinaus zwischen Euch nichts weiter geschieht!

ANTWORT: Daß dem scharf Getadelten die Sitte fremd vorkam, glaube ich ihm aufs Wort. Unsere Sitten gleichen sich doch mehr und mehr internationalen Gepflogenheiten an, besonders junge Leute orientieren sich an ausländischen Vorbildern. Und nach angelsächsischem Brauch ist es ja durchaus nicht unhöflich, die Hände in den Taschen zu behalten. Ich finde es eigentlich wichtiger, daß junge Leute auf andere, praktische Weise ihre Höflichkeit zeigen.

ANTWORT: Aggressionen und Depressionen werden unter Alkoholeinfluß freier geäußert als in nüchternem Zustand. Manche Leute fangen an zu weinen, wenn sie getrunken haben, andere fangen an zu streiten. Sie ärgern sich über Ihren Mann, den Sie drängen müssen, und lassen diesen Ärger später, wenn Sie angetrunken sind, heraus. Außerdem langweilen Sie sich mittlerweile in Ihrem Bekanntenkreis. Sie haben diese Menschen satt und zeigen es ihnen, indem Sie zuviel trinken, ausfallend werden und die Leute damit vor den Kopf stoßen. Ihr Mann heizt Ihre Aggressivität noch mehr an, indem er schweigt. Sie spüren, daß sich hinter seinem Schweigen nicht nur Edelmut sondern auch Aggression verbirgt. Die Hauptursache Ihres Problems ist in der Beziehung zwischen Ihnen und Ihrem Mann zu suchen. Er scheint Konflikten lieber aus dem Weg zu gehen, er weicht aus, zieht sich in sich selbst zurück. Dadurch werden Sie immer aggressiver. Aber gerade dieses Verhalten kann andeuten, daß man vom Partner etwas will, daß man ihn herausfordern, ihn reizen möchte, endlich etwas mehr aus sich herauszugehen und siene Maske abzulegen. Besprechen und klären Sie das mit Ihrem Mann.

111

DAS KONVERSATIONSSPIEL

Ein Quartettspiel für 3-6 Spieler bestehend aus 36 Karten. Schneiden Sie die Quartettkarten aus. Sie werden gemischt und verdeckt an die Mitspieler verteilt. Ziel des Spiels ist es, möglichst viele «Quartette» zu sammeln, d.h. vier zusammengehörige Karten wie 3A, 3B, 3C, 3D. Auf jeder Karte steht links eine Gesprächsformel (Frage und Antwort) und rechts deneben drei weitere Redemittel (Fragen), die zu dieser Kategorie gehören. Der Kartenausteiler beginnt, indem er einen Mitspieler nach einer Karte fragt, die ihm zu einem Quartett noch fehlt. Er muß dabei das Redemittel (die Frage) der erwünschten Karte sagen. Wenn er z.B. Karte 1A haben möchte, fragt er einen Mitspieler: «Darf ich Herrn Schmidt sprechen?» Der Gefragte betrachtet den linken Teil seiner Karten. Hat er die Karte, so antwortet er «Selbst am Apparat» und gibt dem Frager die Karte. Der Frager darf weiterfragen. Hat der Befragte die Karte nicht, sagt er «Bedaure sehr» und darf nun selber fragen. Hat man die vier Karten eines Quartetts zusammen, so legt man sie auf den Tisch. Sieger ist, wer die meisten Quartette hat.

Konversationsspiel

✂ ZUM AUSSCHNEIDEN

1A GESPRÄCHE ERÖFFNEN

Darf ich Herrn Schmidt sprechen?
Selbst am Apparat.

1A **Darf ich Herrn Schmidt sprechen?**
1B Darf ich Frau Heller sprechen?
1C Darf ich vorstellen: Herr Schmidt—Fräulein Baum.
1D Grüß dich!

1B GESPRÄCHE ERÖFFNEN

Darf ich Frau Heller sprechen?
Sie ist im Moment nicht zu Hause. Darf ich was ausrichten?

1A Darf ich Herrn Schmidt sprechen?
1B **Darf ich Frau Heller sprechen?**
1C Darf ich vorstellen: Herr Schmidt—Fräulein Baum.
1D Grüß dich!

1C GESPRÄCHE ERÖFFNEN

Darf ich vorstellen: Herr Schmidt—Fräulein Baum?
Freut mich.

1A Darf ich Herrn Schmidt sprechen?
1B Darf ich Frau Heller sprechen?
1C **Darf ich vorstellen: Herr Schmidt—Fräulein Baum.**
1D Grüß dich!

1D GESPRÄCHE ERÖFFNEN

Grüß dich!
Grüß dich! Ich habe dich schon lange nicht mehr gesehen!

1A Darf ich Herrn Schmidt sprechen?
1B Darf ich Frau Heller sprechen?
1C Darf ich vorstellen: Herr Schmidt—Fräulein Baum.
1D **Grüß dich!**

2A UM AUSKUNFT BITTEN

Darf ich fragen, was das kostet?
Moment, ich schaue mal nach.

2A **Darf ich fragen, was das kostet?**
2B Könnten Sie mir bitte sagen, wann der letzte Bus fährt?
2C Ich hätte gern gewußt, wie dieses Gebäude heißt.
2D Verzeihen Sie, ich möchte wissen, wie ich zur Oper komme.

2B UM AUSKUNFT BITTEN

Könnten Sie mir bitte sagen, wann der letzte Bus fährt?
Das weiß ich nicht.

2A Darf ich fragen, was das kostet?
2B **Könnten Sie mir bitte sagen, wann der letzte Bus fährt?**
2C Ich hätte gern gewußt, wie dieses Gebäude heißt.
2D Verzeihen Sie, ich möchte wissen, wie ich zur Oper komme.

QUARTETT SPIEL

QUARTETT SPIEL

QUARTETT SPIEL

QUARTETT SPIEL

QUARTETT SPIEL

QUARTETT SPIEL

2D UM AUSKUNFT BITTEN

Verzeihen Sie, ich möchte wissen, wie ich zur Oper komme.
Also, passen Sie auf, ich erkläre es Ihnen.

2A Darf ich fragen, was das kostet?
2B Könnten Sie mir bitte sagen, wann der letzte Bus fährt?
2C Ich hätte gern gewußt, wie dieses Gebäude heißt.
2D **Verzeihen Sie, ich möchte wissen, wie ich zur Oper komme.**

2C UM AUSKUNFT BITTEN

Ich hätte gern gewußt, wie dieses Gebäude heißt.
Da bin ich überfragt.

2A Darf ich fragen, was das kostet?
2B Könnten Sie mir bitte sagen, wann der letzte Bus fährt?
2C **Ich hätte gern gewußt, wie dieses Gebäude heißt.**
2D Verzeihen Sie, ich möchte wissen, wie ich zur Oper komme.

3B AUFFORDERN UND PLANEN

Wie wär's, wenn wir eine Radtour machten?
Nein das geht nicht, mein Rad ist kaputt!

3A Komm doch mit!
3B **Wie wär's, wenn wir eine Radtour machten?**
3C Nehmen Sie das Hemd?
3D Sonst noch was?

3A AUFFORDERN UND PLANEN

Komm doch mit!
Nein, erstens ist es zu teuer und zweitens habe ich keine Zeit.

3A **Komm doch mit!**
3B Wie wär's, wenn wir eine Radtour machten?
3C Nehmen Sie das Hemd?
3D Sonst noch was?

3D AUFFORDERN UND PLANEN

Sonst noch was?
Danke, das wär's.

3A Komm doch mit!
3B Wie wär's, wenn wir eine Radtour machten?
3C Nehmen Sie das Hemd?
3D **Sonst noch was?**

3C AUFFORDERN UND PLANEN

Nehmen Sie das Hemd?
Das muß ich mir noch überlegen.

3A Komm doch mit!
3B Wie wär's, wenn wir eine Radtour machten?
3C **Nehmen Sie das Hemd?**
3D Sonst noch was?

QUARTETT SPIEL	HH	QUARTETT SPIEL	HH
QUARTETT SPIEL	HH	QUARTETT SPIEL	HH
QUARTETT SPIEL	HH	QUARTETT SPIEL	HH

4A — MITGEFÜHL ZEIGEN

Was ist denn los?
Ach, ich bin im Examen durchgefallen!

- 4A **Was ist denn los?**
- 4B Ich fühle mich nicht wohl.
- 4C Vielen Dank!
- 4D Das tut mir furchtbar leid!

4B — MITGEFÜHL ZEIGEN

Ich fühle mich nicht wohl.
Kann ich dir irgendwie helfen?

- 4A Was ist denn los?
- 4B **Ich fühle mich nicht wohl.**
- 4C Vielen Dank!
- 4D Das tut mir furchtbar leid!

4C — MITGEFÜHL ZEIGEN

Vielen Dank!
Gern geschehen!

- 4A Was ist denn los?
- 4B Ich fühle mich nicht wohl.
- 4C **Vielen Dank!**
- 4D Das tut mir furchtbar leid!

4D — MITGEFÜHL ZEIGEN

Das tut mir furchtbar leid!
Ist schon gut!

- 4A Was ist denn los?
- 4B Ich fühle mich nicht wohl.
- 4C Vielen Dank!
- 4D **Das tut mir furchtbar leid!**

5A — ERZÄHLEN

Weißt du was, ich habe ein «A» in Deutsch bekommen!
Mensch, ich gratuliere.

- 5A **Weißt du was, ich habe ein «A» in Deutsch bekommen!**
- 5B Du, hast du gehört, was passiert ist?
- 5C Ich habe eine Reise nach Deutschland gewonnen!
- 5D Du, hörst du mir überhaupt zu?

5B — ERZÄHLEN

Du, hast du gehört, was passiert ist?
Nein, was denn?

- 5A Weißt du was, ich habe ein «A» in Deutsch bekommen!
- 5B **Du, hast du gehört, was passiert ist?**
- 5C Ich habe eine Reise nach Deutschland gewonnen!
- 5D Du, hörst du mir überhaupt zu?

QUARTETT SPIEL

5D ERZÄHLEN

Du, hörst du mir überhaupt zu?
Schrei mich doch nicht so an!

5A Weißt du was, ich habe ein «A» in Deutsch bekommen!
5B Du, hast du gehört, was passiert ist?
5C Ich habe eine Reise nach Deutschland gewonnen!
5D **Du, hörst du mir überhaupt zu?**

5C ERZÄHLEN

Ich habe eine Reise nach Deutschland gewonnen!
Was? Wirklich? Toll!

5A Weißt du was, ich habe ein «A» in Deutsch bekommen!
5B Du, hast du gehört, was passiert ist?
5C **Ich habe eine Reise nach Deutschland gewonnen!**
5D Du, hörst du mir überhaupt zu?

6B RATEN UND WÜNSCHEN

Alles Gute beim Examen!
Danke, dir auch!

6A Schönes Wochenende!
6B **Alles Gute beim Examen!**
6C Mach's gut!
6D Was soll ich tun?

6A RATEN UND WÜNSCHEN

Schönes Wochenende!
Danke, gleichfalls!

6A **Schönes Wochenende!**
6B Alles Gute beim Examen!
6C Mach's gut!
6D Was soll ich tun?

6D RATEN UND WÜNSCHEN

Was soll ich tun?
An deiner Stelle würde ich ins Bett gehen.

6A Schönes Wochenende!
6B Alles Gute beim Examen!
6C Mach's gut!
6D **Was soll ich tun?**

6C RATEN UND WÜNSCHEN

Mach's gut!
Danke, du auch!

6A Schönes Wochenende!
6B Alles Gute beim Examen!
6C **Mach's gut!**
6D Was soll ich tun?

QUARTETT SPIEL

QUARTETT SPIEL

QUARTETT SPIEL

QUARTETT SPIEL

QUARTETT SPIEL

QUARTETT SPIEL

7B MEINUNGEN

Das ist ganz grosser Quatsch!
Das meine ich auch!

7A Was sollen wir essen?
7B **Das ist ganz großer Quatsch!**
7C Was hältst du von der deutschen Küche?
7D Sag mal, ißt du gerne Fisch?

7A MEINUNGEN

Was sollen wir essen?
Es ist mir eigentlich egal.

7A **Was sollen wir essen?**
7B Das ist ganz großer Quatsch!
7C Was hältst du von der deutschen Küche?
7D Sag mal, ißt du gerne Fisch?

7D MEINUNGEN

Sag mal, ißt du gerne Fisch?
Ich esse eigentlich lieber Fleisch.

7A Was sollen wir essen?
7B Das ist ganz großer Quatsch!
7C Was hältst du von der deutschen Küche?
7D **Sag mal, ißt du gerne Fisch?**

7C MEINUNGEN

Was hältst du von der deutschen Küche?
Die finde ich ganz gut.

7A Was sollen wir essen?
7B Das ist ganz großer Quatsch!
7C **Was hältst du von der deutschen Küche?**
7D Sag mal, ißt du gerne Fisch?

8B THEMEN STEUERN

Also: die Sache ist die...
Darf ich mal kurz unterbrechen?

8A Entschuldigung, ich hätte eine Frage.
8B **Also: die Sache ist die...**
8C Moment, das habe ich nicht mitgekriegt.
8D Dazu möchte ich was sagen.

8A THEMEN STEUERN

Entschuldigung, ich hätte eine Frage.
Ja, bitte?

8A **Entschuldigung, ich hätte eine Frage.**
8B Also: die Sache ist die...
8C Moment, das habe ich nicht mitgekriegt.
8D Dazu möchte ich was sagen.

QUARTETT SPIEL

8D THEMEN STEUERN

Dazu möchte ich was sagen.
Moment, laß mich ausreden!

- 8A Entschuldigung, ich hätte eine Frage.
- 8B Also: die Sache ist die...
- 8C Moment, das habe ich nicht mitgekriegt.
- 8D **Dazu möchte ich was sagen.**

8C THEMEN STEUERN

Moment, das habe ich nicht mitgekriegt.
Gut, also ich wiederhole.

- 8A Entschuldigung, ich hätte eine Frage.
- 8B Also: die Sache ist die...
- 8C **Moment, das habe ich nicht mitgekriegt.**
- 8D Dazu möchte ich was sagen.

9B ARGUMENTIEREN

Was meinst du dazu?
Ich bin ganz deiner Meinung.

- 9A Wie denkst du darüber?
- 9B **Was meinst du dazu?**
- 9C Was hältst du davon?
- 9D Wie siehst du das?

9A ARGUMENTIEREN

Wie denkst du darüber?
Ich halte das für ein sehr ernstes Problem.

- 9A **Wie denkst du darüber?**
- 9B Was meinst du dazu?
- 9C Was hältst du davon?
- 9D Wie siehst du das?

9D ARGUMENTIEREN

Wie siehst du das?
Ich sehe das ganz anders.

- 9A Wie denkst du darüber?
- 9B Was meinst du dazu?
- 9C Was hältst du davon?
- 9D **Wie siehst du das?**

9C ARGUMENTIEREN

Was hältst du davon?
Meiner Meinung nach gibt es da gar kein Problem.

- 9A Wie denkst du darüber?
- 9B Was meinst du dazu?
- 9C **Was hältst du davon?**
- 9D Wie siehst du das?

QUARTETT SPIEL QUARTETT SPIEL

QUARTETT SPIEL QUARTETT SPIEL

QUARTETT SPIEL QUARTETT SPIEL